공감하며 키워주는
우리아이 정서지능

공감하며 키워주는
우리아이 정서지능

장 혜 주 지음

해피&북스

　요즈음 부모와 자녀 간에 대화를 나눌 수 있는 기회가 점점 줄어들고 있다. 이혼가정의 증가와 잦은 이사로 인한 환경 변화로 불안전한 가정에서 자란 유아들이 과거에 비해 많아졌다. 또한 이들은 생활 속에서 학업이나 부모로부터 스트레스를 받으며 자신의 감정을 잘 조절하지 못하고 화를 내거나 참지 못하는 경향을 보이고 있다. 또한 인내심이 부족하여 또래 아이들과의 싸움이 잦고, 쉽게 흥분하는 모습을 자주 볼 수 있다. 이와 같은 성향은 유아에게 정서적 불안정을 가져오며, 거의 공격적이거나 그와 반대로 위축된 유아를 만들기 쉽다.

　이러한 이유로 인해 현대사회에서는 청소년 비행, 학교생활에 적응하지 못하는 문제가 자주 발생한다. 이런 문제들에 대하여 기존의 IQ로는 설명을 하지 못하고 있다. 그래서 머리는 좋은 것 같은데 정서적으로 성숙하지 못하여 학교생활에 어려움을 겪는 아이가 있는가 하면, 스스로의 충동을 잘 조절하여 훌륭한 대인관계를 지속시켜 가거나 긍정적인 인생관으로 어려운 역경을 잘 이겨나가는 아이들도 많이 있음을 주변에서 흔히 볼 수 있다.

　결국 이러한 문제를 해결하는 것은 IQ가 아니라 그것이 바로 정서지능(Emotional Intelligence)인 것이다.

미래세대가 원하는 리더의 조건은 '감성 즉 정서지능(EI)'이다. 그래서 IQ를 중시하던 교육계에서도 감성교육을 중요시하는 바람이 불고 있다. 기업들도 머리가 아닌 가슴으로 공략해야 한다는 모토로 '감성 마케팅'을 펼치고 있다. 그렇다면 감성은 무엇이며 왜 중요한 것일까?

감성이란 다양한 시각에서 정의가 가능하고, 또한 포괄적인 의미를 갖기 때문에 구체적으로 단정지어 정의하기가 어렵다. 그러나 굳이 정의를 한다면 감성이란 자신의 오감(촉각, 미각, 청각, 시각, 후각)을 느끼고 이를 관리하고 조절하는 것이라고 할 수 있다. 또는 자신의 감정을 생산적으로 이용하며 다른 사람의 감정을 읽을 줄 아는 능력을 말한다.

감성이 중요한 이유는 감성이 다른 사람과의 인간관계를 맺는 것과도 매우 밀접하게 관련되어 있기 때문이다. 감성지수가 높은 사람은 다른 사람의 감정을 잘 이해해주며 자신의 감정을 잘 컨트롤하기 때문에 많은 사람들이 편안해 하고 신뢰하기 때문이다. 따라서 감성이 높을수록 자신감이 높고, 겸손하며, 남들로부터 신뢰를 받고 성실하며, 변화에 민감하고, 성취욕구가 강하며, 변화에 대한 개방성이 높으며, 낙관적이며, 조직에 헌신하며, 남들로부터 호감을 받으며, 지도력을 얻어 결국은 사회에서 성공할 수 있는 확률이 높아진다고 할 수 있다.

그러나 명심해야 할 것은 감성적 지능이나 이성적 지능이 서로 별개인 것처럼 생각하지 말아야 한다. 감성 교육만을 중시하는 것은 이성적 지능교육만을 강조하는 것만큼이나 잘못된 생각이라고 볼 수 있다. 인간은 감성과 이성이 조화롭게 어우러질 때 보다 인간다운 인간으로 성장할 수 있기 때문이다.

아이들이 처음으로 접하는 사회는 가정이다. 그리고 가장 많은 시간을 함께하는 사람은 부모들이다. 따라서 아이들의 감성이 유지되길 바라고 발전되기를 바란다면 그들과 가장 많이 상호작용하는 사람들의 행동과 말이 가장 큰 영향을 끼칠 것임으로 주의해야 한다. 특히 대화는 다른 사람의 감성과 자신의 감성이 같이 소통하는 것임으로 매우 중요하다. 아이를 키우는 일은 행복한 일이지만 또한 무척 많은 인내와 희생을 필요로 하는 어려운 일이다. 자녀는 하나의 독립된 인격체이기에 항상 부모의 뜻대로 움직여주지 않을 뿐더러 인격이란 그릇을 형성하는 과정 또한 매우 민감하여 작은 실수 하나로도 어긋날 수 있다. 그러나 그들은 아직 인격의 미완성 단계이기에 노력한다면 얼마든지 개선할 수 있다. 그렇기에 부모와 자식 간에 사랑과 신뢰를 바탕으로 대화의 줄을 놓치지 않는 것이 중요하다. 대화는 모든 문제해결의 가장 쉬운 방법이자 가장 최선의 방법이기 때문이다.

따라서 이 책에서는 감성교육을 통해 정서지능을 길러주는 방법을 구체적으로 찾아보고자 한다. 이 작은 책이 정서 지능이 좋은 자녀로 키우려는 부모님들에게 작은 힘이나마 보탤 수 있는 씨앗이 발아되기를 욕심껏 기대해 본다.

지은이 장 혜 주

contents

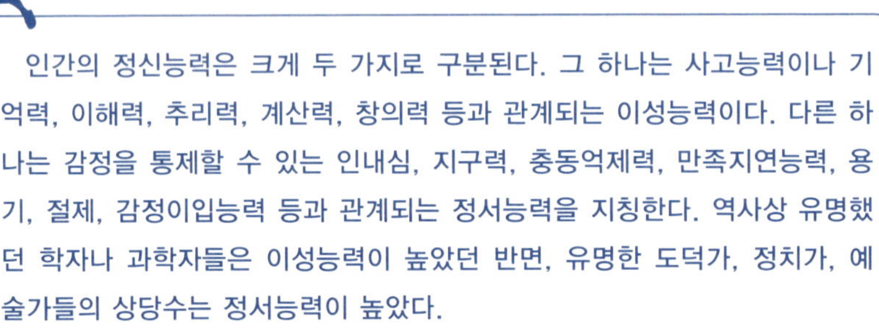

　　인간의 정신능력은 크게 두 가지로 구분된다. 그 하나는 사고능력이나 기억력, 이해력, 추리력, 계산력, 창의력 등과 관계되는 이성능력이다. 다른 하나는 감정을 통제할 수 있는 인내심, 지구력, 충동억제력, 만족지연능력, 용기, 절제, 감정이입능력 등과 관계되는 정서능력을 지칭한다. 역사상 유명했던 학자나 과학자들은 이성능력이 높았던 반면, 유명한 도덕가, 정치가, 예술가들의 상당수는 정서능력이 높았다.

Part 1

정서지능, 타고나는 것인가?

1. 정서능력이란 무엇인가?

인간은 살아가면서 여러 가지 감정을 느낀다. 이처럼 인간이 살아가면서 느끼는 다양한 것을 바로 정서라고 한다. 정서에 대하여 보다 정확하게 개념을 정의해 보면 다음과 같다. 인간이 느끼는 마음, 생각, 느낌, 이해, 공감, 동기, 그에 따른 행동 등을 말한다. 정서지능은 쉽게 말하면 다양한 것을 느끼고 인식하고, 정보처리를 하는 능력을 말한다.

정서지능 또는 감성지능이라는 개념을 최초로 사용한 사람은 미국의 심리학자 메이어(Mayer)와 샐로비(Salovey)이다. 메이어와 샐로비는 정서지능을 "자신과 타인의 정서를 평가하고 표현할 줄 아는 능력, 자신과 타인의 정서를 효과적으로 조절할 줄 아는 능력 그리고 자신의 삶을 계획하고 성취하기 위해서 정서를 활용

할 줄 아는 능력"이라고 정의하였다.

인간의 마음은 이성과 감성의 발달에 의해 좌우되며, 이 두 요소는 상호 보완적 기능을 하면서 인간의 마음을 결정한다. 정서지능은 인간이 가지고 있는 이성과 감성이 얼마나 균형을 잘 이루는지를 결정한다. 따라서 정서지능은 인간의 안정되고 균형잡힌 삶을 살 수 있도록 해주며, 삶의 풍요와 만족을 이루는데 결정적인 역할을 한다.

나아가 정서지능은 자신의 내부에 감정이 발생했을 때 인식하는 능력, 자신의 불안이나 분노 같은 감정을 억제하고 조절하는 능력, 어떤 일을 할 때 자신을 적절히 분발시키는 능력, 역경을 극복하는 능력, 상대방의 기분이나 분위기를 파악하는 능력, 대인관계를 맺는 능력을 발전시킨다고 한다.

동물은 그저 본능적 감각에 의해 살아가기 때문에 혼자 살 수 있지만, 인간은 정서적 반응을 통해 살아가는 능력을 갖추었기 때문에 사회를 떠나서는 살 수가 없다. 사회생활은 사람들 간에 여러 가지 생각을 주고받는 의사소통의 과정(감정 교류)이다. 따라서 사람이 사회생활을 한다는 것은 인간관계 속에서 자신의 생각을 조절해야 하고, 어떤 경우엔 함께 공유하기도 하며, 또 분명하게 전달하는 표현 능력도 있어야 한다.

정서지능의 능력 범위는 기본적으로 인간을 중심으로 자연과 인간, 사물과 인간의 정서적 교류 능력을 포함한다. 그 능력들을 적절히 제어하고 조절함으로써 자신의 능력을 만들어내고 창조해내는데 중요한 역할을 한다. 따라서 정서지능이 높은 사람은 감정을 잘 느끼며, 균형된 삶을 잘 살고, 상대방을 배려하며 대인관계를 잘 맺는다고 할 수 있다. 이러한 이유로 인해서 최근에 "정서지능"에 대한 중요성이 재인식, 강조되고 있다.

오늘날 급변하는 사회 환경 속에서 아이는 주어진 환경에 잘 적응하고 적절한 조화와 균형을 이루는 생활을 해야 한다. 또 자신이 갖고 있는 사회적 역량을 마음껏 발휘하기 위해서는 적응 능력을 갖추어야 할 것이다. 뿐만 아니라 심리, 정서적, 사회적, 인지적 측면을 모두 포함하는 전반적인 발달 영역에서 적응 능력의 토대가 되는 정서지능의 발달이 매우 중요하다고 할 것이다.

인간의 정서지능은 가정과 학교, 그리고 사회에서 어떤 경험을 하느냐에 따라서 얼마든지 변화 또는 발달될 수 있다. 따라서 어릴 때부터 가정이나 학교에서 아이의 정서지능을 높이기 위한 훈련을 하면 좋은 성과를 얻을 수 있다. 느낌을 인식하고 조절하는 훈련과 자신의 감정을 표현하는 훈련, 타인의 입장을 헤아려 대응해 보는 훈련을 하면 정서지능이 높은 사람으로 성장할 수 있다. 이러한 훈련으로 형성된 정서지능은 건강한 대인관계를 맺게 하고 보다 긍정적인 학습태도를 갖도록 하는데 중요한 역할을 하기 때문에 성인이 되어서는 세상에서 훌륭한 리더로 성장할 수 있다.

급변하는 현대사회 속에서 잘 적응하고 사회적 문제를 슬기롭게 해결해 나감에 있어서 자기 자신에 대해 긍정적 가치감을 갖고 타인을 배려할 줄 아는 자세가 중요하다는 점을 고려할 때 정서지능의 중요성은 아무리 강조해도 부족하지 않다. 아이의 정서지능이 어느 부분에서 잘 나타나고 있는가에 따라 아이의 미래의 방향을 계획하고 선택하게 된다. 따라서 아이가 어릴 때부터 가정이나 교육현장에서 인성 및 정서적 측면에 대한 강조를 통해 올바른 정서지능을 갖도록 지도해 주어야 한다.

2. 정서능력의 구성요소

Mayer(메이어)와 Salovey(샐로비)는 정서지능은 정서 정보처리 능력이며, 자신과 다른 사람들의 감정을 정확히 지각, 인식하고, 적절히 표현하는 능력이라고 하였다. 또 삶을 향상시키는 방법으로 자신과 타인의 정서를 효과적으로 조절하는 능력, 동기를 부여하고 계획을 수립하고 목표를 성취하기 위하여 정서를 이용하여 자신의 행동을 이해하고 이끄는 능력이라고 보았다.

이러한 관점에서 그들은 정서지능의 구성요소를 자신의 정서와 타인의 정서를 평가하고 표현하는 능력, 자신의 정서와 타인의 정서를 조절하는 능력, 정서를 활용하는 능력으로 구분하였다. 다만 정서를 활용하는 능력의 하위요인으로 융통성, 창의적 사고, 주의집중, 동기화를 포함시키고 있음을 알 수 있다.

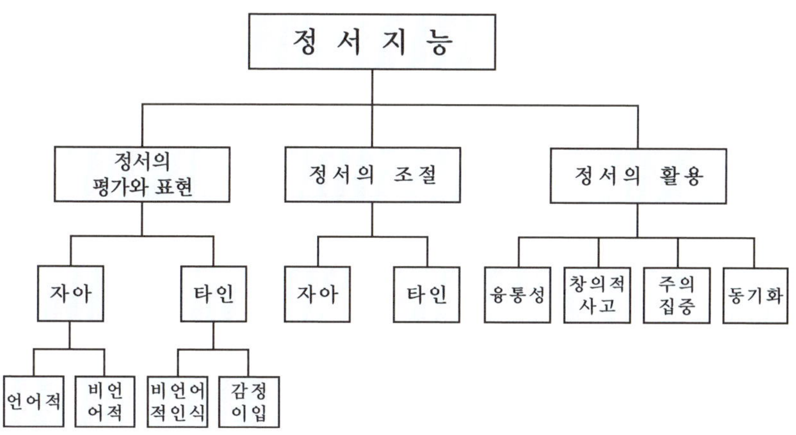

〈그림 2-1〉 정서지능 구성요소

1) 자신의 정서를 인식하는 능력

자신의 정서를 인식하는 능력은 자기 자신에게 일어나는 다양한 정서를 명확하게 아는 것을 말한다. 자신의 정서를 정확하게 인식하는 능력은 정서지능의 기초가 된다. 그리고 순간순간 자신에게 일어나는 다양한 느낌을 알아내는 능력은 심리적 통찰력을 길러 주고 자기를 이해하는데 대단히 중요한 역할을 한다.

만약 자신이 어떤 정서를 가지고 있는지를 모르면 안정되고 균형된 성장을 할 수 없을 뿐더러 계속 자아정체감의 혼돈 속에서 살게 된다. 더욱이 자신의 마음속에 일어나고 있는 감정을 알아차리려는 과정 없이 감정대로 행동한다면 이는 바로 충동적 행동으로 자신의 삶을 파괴하는 결과를 초래하게 된다. 또한 다른 사람이 자신을 지배하는 상황에 쉽게 빠지게 만들 수 있다.

정서지능을 높이기 위해서는 보다 정확하게 자신의 정서를 평가하고 표현할 수 있어야 한다. 자신의 감정을 빠르게 인식하고, 자신의 감정에 보다 잘 반응하며, 다른 사람에게 자신의 정서를 보다 잘 표현할 수 있도록 훈련을 해야 한다.

사람은 연령이 어릴수록, 인격이 미성숙할수록 자신이 어떤 정서를 가지고 있는지를 명확히 파악하지 못한다. 그때마다 그 아이의 느낌을 언어로 규정해주는 어른이 옆에 있다면 그 아이는 점진적으로 자신의 올바른 정서 상태를 인식할 수 있게 된다.

2) 타인의 정서를 인식하는 능력

사람이 자신의 정서뿐만 아니라 주변 사람들의 정서를 지각하는
것은 정서지능의 핵심이다. 타인의 정서를 인식하는 능력이란 타인
의 정서적 반응을 능숙하게 인식하고, 그 반응에 감정 이입적으로 반
응하는 능력을 말한다. 즉, 타인의 감정을 읽어내고, 타인이 느끼는
감정을 자신의 것처럼 느끼는 능력이다.

타인의 정서를 올바르게 인식하기 위해서는 먼저 자신의 감정
을 잘 표현할 줄 알아야 한다. 자신의 감정을 잘 표현해야 다른
사람의 감정도 잘 읽을 수 있는 것이다. 따라서, 다른 사람의 정
서를 인식할 줄 아는 공감능력은 '사람 사귀는 기술'의 기본이

된다. 타인의 정서를 인식하는 능력은 자신의 정서를 다룰 수 있는 능력이 생긴 후에 형성되는 능력으로 다른 사람의 정서 상태나 정서적 상황에 어울리는 정서적 반응으로 인해서 좋은 인간관계를 맺도록 해준다.

그러나 타인의 감정을 읽기란 쉽지 않다. 왜냐하면 감정 표현은 언어적으로만 되는 것이 아니라 제스처, 목소리의 음조나 억양, 얼굴 표정 등과 같은 비언어적으로 표현되는 것이 많기 때문이다. 따라서 타인을 올바르게 이해하기 위해서는 상대방이 가지고 있는 감정 표현을 위해 나타난 정서적인 반응이나 행동을 면밀히 검토해야 하기 때문이다.

아이가 타인의 감정을 올바르게 인식하기 위해서는 상대방이 현재 무엇을 생각하고 있고 무엇을 느끼고 있으며 어떠한 기분을 가지고 있는지, 대인관계의 상황에 있어서 상대방의 사고, 감정, 의도 등을 추리해 내는 능력을 길러야 한다.

타인의 정서를 정확하게 인식하고 그 반응에 감정 이입적으로 반응하는 정서지능 능력은 타인의 정서를 정확하게 판단하고, 그에 맞는 행동을 선택할 수 있게 한다. 이와 같이 감정 이입적인 행동은 타인에게 진솔하고 온정적인 사람으로 비춰지지만, 이런 기술이 부족하면 멍청하고 버릇 없는 사람으로 비춰지기 쉽다.

3) 자신의 정서를 조절할 줄 아는 능력

성공한 사람들을 보면 일반적으로 주의집중력, 노력, 완성의지, 창의성 등이 매우 높다. 따라서 아이들에게 이러한 능력을 갖게 하려면 먼저 자신에게 발생하는 다양한 유형의 정서를 바람직한 방향으로 다룰 수 있어야 한다. 즉 자기 정서를 조절할 줄 아는 능력을 갖추어야 한다.

인간이 자신의 정서를 상황에 맞게 조절하려면 먼저 자신의 정서를 정확히 인식할 줄 알아야 한다. 그리고 자신이 가진 분노, 우울, 성급함, 미움 등 부정적 정서를 억제하고 적절히 통제할 수 있어야 한다. 그리고 이러한 부정적인 정서를 잘 다루지 못하고 폭발할 경우 어떤 결과가 일어날지 예측할 수 있어야 한다.

성공한 사람들은 자신이 가지고 있는 부정적인 정서가 일어날 때마다 효율적으로 자신의 정서를 통제하며 유연하게 대처하여 사람들에게 좋은 인상을 갖게 해준다. 이런 능력의 소유자는 그들이 무슨 일을 하든지 월등하게 생산적일 것이고 일의 효율성도 높아질 것이다. 따라서 자신이 가진 정서를 통제하는 능력은 어떤 분야이든지 상관없이 성공의 필수요인이 된다. 실제로 우리 주위에는 IQ는 높으나 정서 돌출이 심하거나 자신의 부정적인 정서를 다루지 못하여 그 능력을 발휘하지 못하는 사람들이 많다. 그리고 자기 통제력이 약한 사람은 전문화되지 않은 다양한 여러 범죄 행위뿐 아니라 흡연, 음주, 약물사용 그리고 사고와 같은 다양한 유사행위들을 저지르는 경향이 있다는 것이다.

4) 타인의 정서를 조절하는 능력

타인의 정서를 조절하는 능력이란 다른 사람과 효과적으로 인간관계를 잘 유지해 나가는 능력을 말하는 것으로, 대인관계 능력이라고도 한다. 인간은 사회생활 속에서 좋은 인간관계를 유지하려면 다른 사람의 정서를 잘 파악하고 다룰 수 있어야 한다. 이러한 능력은 친구 간의 인기도, 지도력, 원만한 대인관계를 유지하게 해 준다. 결국 이러한 능력을 갖춘 사람은 다른 사람과 원만한 인간관계를 유지하면서 일도 효율적으로 잘한다.

아이들은 성장하면서 어릴 때는 가정에서 부모 형제와 제한적인 대인관계 경험을 가지다가 유치원이나 어린이집을 다니면서 대인관계가 또래와 교사로 확대된다. 가정보다 확대된 인간관계 속에서 아이들은 만족감, 소속감, 동질성, 이질감, 좌절감, 행복, 갈등 등 다양한 정서를 경험하게 된다. 이러한 정서들은 아이들의 성장에 영향을 주고 자신에게 일어나는 대인관계에서 겪는 문제를 분석하게 하고, 타인의 정서를 생각해 보는 대인관계 유지능력을 키우게 된다.

아이의 대인관계 유지능력을 발전시키려면 아이가 생활하면서 인간관계로 인해 다양한 문제가 일어날 때마다 그 순간을 올바르게 정리하고 해결해 주어야 한다. 이러한 훈련을 통해 아이는 대인관계 기술을 습득하게 되고 사회의 구성원으로서 삶의 활력을 갖고 해주고, 남을 편하게 해주어 인간관계를 보다 돈독하게 유지할 수 있게 된다.

Salovey와 Mayer는 정서조절 능력을 가진 사람은 자신과 타인의 기분을 향상시키고, 자신의 가치 있는 목표를 달성시키기 위해 자신의 정서를 극도로 조절해서 상대방을 동화시키기도 한다.

5) 정서를 활용하는 능력

타인과의 상호작용을 성공적으로 하는데 필요한 기술로서 타인과의 상호작용을 시작하는 기술, 원하는 것을 정확하게 전달할 수 있는 의사소통능력, 사회적으로 바람직하다고 여겨지는 일련의 행동 즉, 친사회적 행동을 할 수 있는 능력 등이 포함된다.

〈표Ⅱ-1〉 정서지능의 구조 및 과정

정서지능	정서적 · 지적 성숙을 증진시키는 정서의 반성적 조절			
	유쾌한 감정과 불쾌한 감정 모두 개방성을 유지하는 능력	정보성이나 유용성에 대한 판단에 근거해 반성적으로 정서에 관여하거나 또는 그것에서 벗어나는 능력	자신 및 타인과 관련해서 정서가 얼마나 명료하며 전형적이고, 영향력이 있는지, 합리적인지를 반성적으로 검토하는 능력	정서가 전달하는 정보를 억압하거나 과장함이 없이, 부정적인 정서는 완화시키고 유쾌한 정서는 고양시킴으로써 자신과 타인의 정서를 관리하는 능력
	정서에 대한 이해 및 분석 : 정서적 지식의 활용			
	정서를 명명하고, 애정과 사랑 간의 관계와 같이 단어와 정서 그 자체 간의 관계를 인식하는 능력	슬픔은 종종 상실을 동반하는 것과 같이, 정서가 어떤 관련성에 대해 전달하는 의미를 해석하는 능력	사랑과 미움의 동시적 감정이나, 두려움과 놀라움이 합쳐진 경의감 같은 복합감정과 같이 복잡한 감정을 이해하는 능력	분노가 만족으로 전환되거나 혹은 분노가 수치심으로 전환되는 것과 같이, 정서들 간의 전환 가능성을 인식하는 능력
	정서의 사고 촉진			
	정서는 중요한 정보에 주의를 기울임으로써 사고의 우선순위를 결정한다.	정서가 충분히 생성하고 활용 가능하여 감정과 관련된 판단과 기억에 도움을 줄 수 있다.	정서적 기분의 변화가 다양한 관점을 고려하도록 고무하면서, 개인의 관점을 낙관적인 것에서 비관적인 것으로 바꾼다.	행복감이나 귀납추리와 창의력을 촉진시킬 때처럼, 정서 상태가 특정한 문제에 대한 접근을 각기 다르게 고무한다.
	정서의 지각, 인식 및 표현			
	자신의 신체 상태, 감정 사고에 내재된 정서를 규명하는 능력	언어, 소리, 의양 및 행동을 통해서 타인, 디자인, 예술 작품 등에 내재되어 있는 정서를 규명하는 능력	정서를 정확히 표현하고 그러한 감정과 관련된 욕구를 표현하는 능력	감정 표현이 정확한지 부정확한지 또는 정직한지 부정직한지를 변별하는 능력

(출처) Salovey & slyter, (1997) p.11

3. 정서능력의 필요성

오늘날의 교육은 입시 위주의 교육으로 인한 도덕성 및 인성 교육의 부재, 부모의 교육철학과 가치관의 혼미, 양육행동의 불일치 및 비일관적인 태도, 지나친 지식 위주의 조기교육 열풍 등으로 인해 심각한 사회문제를 초래하게 되었다. 더욱이 아이의 사회·정서 발달을 위한 교육환경에 대한 배려는 거의 없다고 해도 과언이 아니다.

더욱이 지식과 학력주의 풍토는 경쟁위주의 교육 구조를 벗어나지 못한 가운데서 부모나 교사는 아이들에게 더욱더 인지적인 측면만을 강조하게 되는 결과를 초래하여 인성교육이나 전인교육의 측면에서 심각한 교육의 불균형 상태에 이르게 만들었다.

이러한 환경 속에서 성장한 아이들은 그에 대처할 수 있는 능력이 부족할 뿐만 아니라, 남을 위해 봉사하고 더불어 살아갈 수 있는 여유나 타인의 감정이나 생각을 인식하는 능력이 부족할 수밖에 없다. 그 결과 정서적 불안정, 부정적인 성격, 그리고 낮은 자아존중감을 형성할 가능성이 커지면서 학업부진, 또래관계 문제, 충동적이거나 위축된 행동, 반사회적인 행동, 사회 적응상의 문제로 연결되어 사회문제로까지 발전할 수 있다.

최근 몇 년 간 학원 폭력 및 집단 따돌림 현상이 심각해졌는데, 이는 아이들이 자신과 타인의 관계를 형성함에 있어서 올바른 관계 맺음을 못하기 때문으로 이러한 정서적인 문제들은 아이기나

청소년기에 끝나는 것이 아니라 성인기까지 부적응 요인으로 확대될 수 있다.

정서지능은 학교에서의 학업 성취나 직장에서의 업무수행 과정에서 대인관계 능력의 중요한 역할을 한다는 것이 다양한 연구결과에서 나타나고 있다. 또한 성공하기 위해서는 정서지능이 반드시 필요한 것으로 나타났다.

정서는 우리의 사고와 계획수립, 목표추구나 문제해결의 능력을 높이는데 유익하게 작용하고 내적 정신능력을 활용하고 인생을 어떻게 살 것이냐에도 도움을 준다. 또한 정서는 열정적이고 즐겁게 일하고 생활하는데도 중요한 역할을 한다. 이러한 의미에서 볼 때 정서지능은 우리가 가지고 있는 잠재력을 충분히 발휘하는데도 중요한 요인이 된다.

다시 말해 정서지능은 우리의 능력을 촉진시키거나 또는 저해시킬 수도 있다는 것이다.

4. 유아기 정서지능의 중요성

아이의 정서상태는 다른 모든 분야의 발달에 큰 영향을 주고 있다는 것이 많은 학자들의 연구에 의해 밝혀졌다. 지금까지의 연구 결과를 보면 인간의 정서지능은 인간 행동의 모든 양상에 필수 불가결한 역할을 하는 힘으로써, 유아의 인지 발달, 사회성 발달, 신체적 건강에도 매우 밀접하게 연관되어 있는 것으로 나타났다.

특히 유아기에는 아주 어릴 때부터 얼굴 표정으로 행복, 흥미, 놀람, 두려움, 분노, 슬픔, 역겨움 등의 기본적 정서를 표현하기 시작한다. 그러다가 차츰 부끄러움, 당황, 죄책감, 시기, 자부심 등의 2차적이고 한 단계 높은 수준에서 일련의 정서를 표현하기

시작한다. 이러한 정서는 아이 자신에 대한 감정에 부정적이거나 혹은 긍정적으로 작용하게 된다.

유아기 정서지능의 중요성을 보면 다음과 같다.

첫째, 부모의 정서가 아이의 자아감 형성에 큰 영향을 준다.

부모는 아이가 다양한 종류의 정서를 가지는데 영향을 준다. 즉, 아이가 성취감을 느낄 수 있도록 해주었을 때 아이는 행복감을 느낀다. 그리고 타인을 위해 무엇인가를 해주었을 때 칭찬해 주는 것 등은 어린이의 긍정적인 자아감을 발달시키고, 타인의 감정이나 요구에 제대로 배려해 주지 않는 것에 대한 꾸중은 부정적인 자아감을 갖게 만든다. 이러한 자아감은 아이의 성취에 관계된 행동과 도덕적 행동에 대한 명확한 기준으로 자리잡게 되어 성인이 되어서도 영향을 미치게 된다. 따라서 부모는 아이가 어릴 때부터 다른 사람의 행위가 아이의 부정적인 자아감을 만들지 않도록 주의 깊게 관찰하고 긍정적인 자아감을 형성할 수 있도록 해주어야 한다.

둘째, 아이의 정서가 인지 발달에 큰 영향을 준다.

아이들은 부모와의 대화에서 직접 경험해보지 않고도 인지를 하게 되는 것이 많다. 예를 들어 뜨거운 것을 만지려는 아이에게 "뜨거우니 만지지 마라"라는 언어로 아이는 뜨겁다는 것을 알고 만지지 않게 된다. 아이는 부모와 지속적인 교류를 통해서 세상의 지식에 대하여 직접 경험하지 않아도 대화를 통해서 깨닫게 되어 인지 발달을 갖게 된다. 따라서 어릴 때 아이들과 부모의 대화는 아이들의 정서지능을 높이는데 매우 중요한 역할을 한다.

셋째, 정서는 사회적 행동에도 결정적인 영향을 미친다.

아이가 자라면서 나타내는 정서적 표시인 웃음, 울음, 불안, 만족, 흥미, 공포, 싫증 등을 보이는 것은 다른 사람의 행동에 많은 영향을 미치는 동시에 다른 사람의 감정적 반응이 아이의 사회적 행동에 영향을 주는 것을 말해 준다. 예를 들어 아이가 어릴 때 낯선 사람에게서 느끼는 두려움은 상대방의 접근을 방지하는 역할을 한다. 또한 아이가 웃는 모습을 보면 부모는 아이가 행복하다고 느껴 안아주거나 뽀뽀를 하고 싶어한다. 이처럼 아이의 정서 상태는 아이를 둘러싼 주변 사람들의 사회적 행동에 영향을 미치게 된다. 뿐만 아니라 아이를 둘러싼 사람들의 정서적인 반응은 아이의 정서 발달에 영향을 준다.

예를 들어 어머니가 정서적 불안 상태를 보이면 자녀의 정서 발달에 많은 영향을 주어 정서적으로 불안하지 않는 어머니의 자녀들 보다 더 많은 문제행동을 하게 되고 특히 모든 일에 긍정적이지 않고 무반응적인 상호작용을 하게 된다. 그래서 어머니 자신이 정서적으로 안정된 상태를 유지하는 것은 자녀가 정서적으로 안정된 상태로 자라는데 큰 영향을 미치게 된다.

넷째, 정서는 신체적 건강에도 영향을 준다.

아이들은 정서적으로 불안한 상태에 오래 있게 되면 면역 체계가 약해져서 정서적으로 안정된 아이들 보다 자주 아프거나 여러 질병에 걸릴 가능성이 많다고 한다. 사랑하는 사람, 특히 부모님 중 한 사람과 잠시, 혹은 오랫동안 헤어져 있던 경험을 한 아이들도 건강에 많은 문제를 갖게 된다고 한다. 이외에도 아이가 어릴 때 이루어지는 정서 표현 훈련은 아이의 대뇌중추 신경의 성숙과 인지적, 언어적 발달을 가져 온다.

다섯째, 자녀 발달의 정서적 경험은 부모의 양육 행동이 어떠한가에 따라 영향을 받는다.

특히 정서지능은 환경론적인 입장이 지배적인 지능이다. 정서지능은 후천적 교육을 통하여 교정되고 재학습되어진다. 예를 들어 아이가 무서워하는 물건을 반복적으로 무섭지 않고 친숙한 것으로 인식하게 만들면 아이가 무서워하는 물건에 대한 공포감을 없앨 수 있다. 그 결과 아이는 자신의 성격적인 문제가 해결이 되고 자신의 문제, 대인 관계에서도 원만히 해결하는 방법을 익히게 된다.

아이가 유아기에 경험하는 정서적 경험은 자신의 정서지능이 되는 것이며, 성장해서 사회생활을 해나가는데 중요한 역할을 수행하게 된다. 따라서 유아기 단계에 아이와 감정을 서로 교류하고 또한 감정에 대한 대처 방법을 무의식적으로 가르치는 부모의 역할은 대단히 중요하다. 특히 유아기 때 부모와의 눈 마주침을 통한 마음의 조화, 감정 이입, 긍정적 사고를 위한 훈련을 통한 안정감은 정서지능의 기초가 되며 살아가는데 필요한 정서지능을 갖추는데 필수적이다. 그러므로 가정에서 부모들이 유아기에 해 주는 정서지능을 높이는 훈련은 대단히 중요하다.

5. 정서지능에서 어머니의 역할

최근 정서지능의 중요성이 대두됨에 따라 자녀 교육에 관심을 갖는 부모들도 자녀들의 정서지능의 발달에 관심을 보이고 있다. 아이가 어릴수록 정서지능을 높이기 위한 다양한 훈련은 아이의 발달과 성장에 좋은 결과를 가져온다는 믿음을 가지고 있다. 인지적인 지능은 유전적인 요인에 의해 많은 부분이 결정되지만 정서지능은 부모의 행동과 육아방법에 따라 많은 부분이 결정된다는 연구 결과가 있기 때문이다.

가정은 인간이 태어나 최초로 경험하는 가장 기초적 단위의 사회 경험장이며 가족구성원과의 생활을 통하여 인간관계를 배우며 가치관, 습관 등이 형성되는 곳으로 개인의 일생 동안 가장 큰

영향을 받는 환경이다. 또한 가정은 인간의 발달과 사회성 및 정서지능을 포함한 성격 형성에 결정적 역할을 하는 심리적 과정을 포함한 인적 환경이며, 이러한 인적 환경은 부모가 아이를 양육할 때 갖게 되는 양육 행동에 의해 결정되어진다고 할 수 있다.

정서지능의 발달은 인간발달에서 그 어떤 영역의 발달보다 가정이 중요시되며 그중, 특히 어머니와의 효과적인 상호작용과 정서적 교감은 필수불가결한 것으로 간주되고 있다. 아이가 최초로 접하는 가족의 구성원 중 부모, 특히 어머니는 그 아이가 이후 사회의 일원으로 성장해 나가는데 있어서 일차적으로 중요한 역할을 하게 됨으로 어머니의 양육태도는 아이의 정서지능 발달에 많은 영향을 미치는 중요한 요소가 된다.

정서지능에 영향을 가장 많이 주는 사람은 어머니다. 어머니는 가정에서 유아가 일정한 시기가 될 때까지 절대적인 영향력을 행사하기 때문에 아이와 어머니와의 관계는 아이의 정서지능 발달에 결정적이라 하겠다. 따라서 유아기 정서경험의 대부분을 차지하는 어머니는 아이의 정서지능을 높이기 위해서 아이가 자신과 다른 사람들의 감정을 정확히 지각하고, 인식하고, 적절히 표현하는 능력을 길러주어야 한다. 또 삶을 향상시키는 방법으로 자신과 타인의 정서를 효과적으로 조절하는 능력, 동기를 부여하고 계획을 수립하고 목표를 성취하기 위하여 정서를 이용하여 자신의 행동을 이해하고 이끄는 능력을 기르도록 해주어야 한다.

6. 정서지능과 인성의 차이

인성의 사전적 의미는 인간의 성품으로 정의하고 있다. 성품은 사람의 성질과 품격을 의미한다. 사람의 성질은 마음의 바탕을 이루며, 인간의 마음은 흔히 지적인 요소, 정의적 요소, 행위적 요소로 구성된다. 품격은 사람됨 즉 모습을 뜻한다. 사람 됨됨이가 되었다는 것은 일정한 가치 기준에 도달했을 때를 의미한다.

인성은 사람마다 달라서 내성적인 사람이 있는가 하면 외향적인 사람이 있고, 도덕적인 사람이 있는가 하면 비도덕적인 사람도 있다. 어떤 인성을 가진 사람은 타인에게 불쾌감과 긴장, 갈등을 느끼게 하지만 어떤 인성을 가진 사람은 남에게 편안함과 신뢰성을 느끼게도 한다. 바르고 적응적인 인성을 지닌 사람은 타인과의 관계에서도 긍정적인 효과를 나타내고, 자신의 삶을 영위하는 데 있어서도 매우 긍정적이다. 이처럼 인성이란 포괄적인 개념으로, 이에 포함되는 심리적 특성은 성격, 기질, 인격 등으로 주로 정서, 가치지향과 같은 정의적 측면과 연관되어 있으며 인간교육이나 인격교육과 맥락을 같이한다고 볼 수 있다.

인성교육이란 인간의 성격, 사고, 신념, 가치, 태도, 감정, 자세를 포함한 전 인격적 품성을 함양하는 교육을 말한다. 인성교육은 마음의 바탕을 교육하고 사람 됨됨이를 교육하는 것으로 인간의 행동 규범과 가치관 정립에 주요인이 되는 감성과 이성을 동시에 계발하여 긍정적인 태도를 갖게 함으로써 바람직한 사회일

원으로 성장시키는 전인교육이라고 할 수 있다. 교육부에서는 인성교육을 도덕심, 사회성, 정서를 포함한 바람직한 인간으로서의 성품을 기르는 교육이라고 한다.

마음의 바탕을 교육한다는 것은 마음의 구성요소인 지, 정, 의를 교육하는 것이고, 사람 됨됨이를 교육한다는 것은 인간으로서 바람직하고 보편타당한 가치를 추구하며 그 가치를 완성할 수 있도록 교육하는 것이다. 인성교육을 통해 성숙한 인성을 가진 사람을 많이 기를수록 바람직하고 발전 가능성이 많은 사회가 되기 때문에 이런 점에서 인성교육은 매우 중요하다고 할 것이다.

아이의 인성은 다양한 요인들에 의해 형성되는 매우 복잡한 과정으로, 다음의 네 가지 유형의 요인들이 성격 특성과 행동을 결정하는 요인으로 작용한다.

첫 번째 요인은 생물학적인 것으로 여기에는 유전적 소인, 기질, 신체적 외모, 성숙도 등이 포함된다.

두 번째 요인은 문화적 요인으로 그 문화만의 가치체계, 기대하는 행동양식, 요구되는 역할, 생활방식 등 그 문화 속에서 성장하는 아이들이 내면화시키고 자신의 일면으로 받아들이면서 인성형성에 영향을 미치게 된다.

세 번째 요인은 가장 중요한 요인이라고 볼 수 있는 것으로 아이에게 있어서 중요하고 의미있는 타인과의 경험이다. 인성은 주로 사회학습의 산물이며, 초기 아이기 동안에는 가족, 특히 부모가 아이의 사회화에 가장 직접적으로 개입하면서 인성 형성에 중요한 영향을 미치게 된다.

네 번째 요인은 상황 요인으로, 어떤 특정한 시간과 공간에서 개인이 경험하는 직접적인 자극들을 의미한다. 이는 주어진 상황에서 개인이 경험하는 다른 사람의 존재나 행동, 주변의 사물, 사건 전개 등을 어떻게 체험하고 무엇을 느끼고 어떠한 결과를 얻었는가에 따라 인성의 일면이 형성될 수 있다는 것을 의미한다. 그러므로 아이의 인성을 결정하는 네 가지 요인들이 아이의 성격이나 그에 관련된 태도와 행동양식 등에 포함되어 있다고 할 수 있다.

개인의 행동이 그의 내면적 사고나 정서와 무관할 수 없다고 볼 때, 아이의 인성 특성을 보다 구체적으로 규명하고 이와 같은 변인들과 아이의 발달과의 관계를 입체적으로 파악해 보는 것은 중요하고도 의미 있는 일이라고 볼 수 있다.

정서 부적응 아이의 인성은 자신에 대한 부적응 자아를 갖고 있어 모든 일에 대해 소극적이며 자신감이 없어서 작은 일에도 많은 걱정을 하고 의뢰심이 많으며 후퇴적이고 충동적인 경향을 보이게 된다. 또한 현실감각이 결여되어 있어 집단에서의 소속감이 없다. 또한 정서 부적응아는 사회성이 낮기 때문에 친구를 사귀기 어려워 사회적 고립아가 되기 쉽다. 이처럼 정서는 아이의 인성을 결정짓는 하나의 중요한 요인이 될 수 있다.

7. 정서지능과 자아존중감의 차이

자아존중감(self-esteem)은 개인이 자신의 특성과 능력에 대해 지니고 있는 생각, 판단, 태도, 감정, 행복 및 기대 등을 포함하는 개념으로서 스스로 자기 자신을 이해하고, 수용하여 자신의 존재 가치를 높게 여기는 감정이다. 또한 자아개념(self-concept), 자아지각(self-perception), 자아지식(self-knowledge), 자아이해(self-understanding), 자아관(self-view), 자아상(self-image), 자아정체감(self-identity), 자아평가(self-evaluation), 자아수용(self-acceptance), 자아유능성(self-competence), 자아효능감(self-efficacy), 자아가치감(self-worth) 등의 개념으로 서로 유사하게 사용되고 있다.

아이가 자아존중감이 높으면 어떤 일을 하든 자신감을 갖게 될 뿐만 아니라 좋은 결과를 가져오게 된다. 따라서 부모는 아이에게 무엇이든 할 수 있다는 자신감을 심어 주는 것이 중요하다. 자아존중감에 따라 어느 정도까지 많은 노력을 기울일 것인지와 많은 장애에도 불구하고 얼마나 오랫동안 그 노력을 지속할 수 있는지를 결정한다. 이러한 긍정적 사고와 행동은 결국 보다 나은 성과로 이어진다.

자아존중감이 높은 사람들은 부정적인 정서가 일반적인 사람들에 비해서 낮으며, 자신감 상실, 우울증에 빠지는 경우도 더 적다. 자아존중감 수준이 높은 아이들이 자아존중감 수준이 낮은 아이들에 비해 도전적이며 공부를 해도 오랫동안 지속하게 되고 결과도 성공적으로 수행한다. 특히 자아존중감 수준이 높은 아이들은 도전에 실패할 때 더 큰 노력을 발휘한다고 한다. 부모는 아이에게 자아존중감을 형성하게 하려면 아이에 대한 믿음을 가지고 성장 가능성을 인정해야 한다. 이러한 믿음 속에서 성장한 아이는 자신을 능력 있는 존재라고 믿게 되고 자신감을 가지게 된다.

자아존중감은 인간의 발달적 과정에서 핵심적 역할을 수행하는 개인마다 갖고 있는 독특한 형태로서의 적응 및 건강한 성격 발달과 자아실현에 중요한 역할을 한다. 자아존중감이란 개인이 사회적 상호작용을 통해서, 또는 자기 행동 결과의 관찰 및 타인과 사회적 비교 등의 과정을 통해서 획득해 가는 정서이기도 하다.

긍정적인 자아개념을 지닌 사람은 타인이 자기를 신뢰하고 필요로 하며, 유능하다고 인정하는 것을 인식한다. 이는 후천적으로 성장과정에서 그를 둘러싼 의미있는 사람들에 의해서 환경과 접촉하는 경험을 통해 각자가 배우고 쌓아간다. 이러한 자아존중감은 인간의 발달적 변화에 핵심적인 역할을 할 뿐 아니라 개인의 바람직한 환경 적응 및 건전한 인성 발달, 나아가 긍정적인 정서지능 형성에 영향을 준다. 이와 같이 자아존중감은 아이의 건전한 인성발달의 기반이 되며, 원만한 인간관계를 유지 발전시키고, 개인의 성취에도 영향을 미치므로 건강하고 성숙한 인간으로 성장하게 만들어 주기 때문에 긍정적인 정서지능을 형성하는 데도 중요하다.

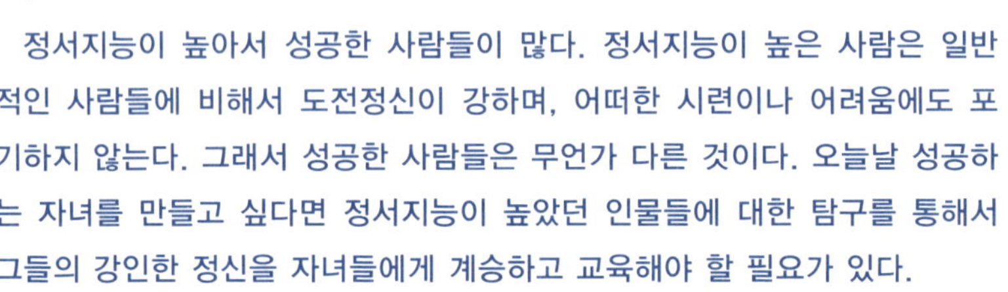

　정서지능이 높아서 성공한 사람들이 많다. 정서지능이 높은 사람은 일반적인 사람들에 비해서 도전정신이 강하며, 어떠한 시련이나 어려움에도 포기하지 않는다. 그래서 성공한 사람들은 무언가 다른 것이다. 오늘날 성공하는 자녀를 만들고 싶다면 정서지능이 높았던 인물들에 대한 탐구를 통해서 그들의 강인한 정신을 자녀들에게 계승하고 교육해야 할 필요가 있다.

Part 2

정서지능이 높은 세계적 인물

1. 창의력이 높았던 다산 정약용

인류 역사의 발전을 먼 안목에서 보면 수많은 갈림길로 이루어져 있다. 그 갈림길에서 누군가가 새로운 길을 제시하고 이끌었기에 오늘날의 발전이 이룩된 것이다. 이처럼 시대를 고뇌하고 미래를 꿈꾼 사람들을 우리는 역사의 주인공이라고 부른다. 이 주인공들 중 우리는 유별난 주인공을 만날 수 있다. 그가 바로 다산 정약용이다. 다산은 한마디로 표현하기 어려운 사람이었고, 그의 삶 또한 평범한 삶이 아니었다. 다산은 누구보다 다양한 정서지능을 가진 사람이었다.

평범한 양반 집안에서 태어난 다산은 18세기 조선 실학을 대표하는 인물이 되었다. 사람들은 태어나서 한 가지도 제대로 완성하지 못하고 사는데 다산은 살면서 수없이 많은 분야의 일을 실천해 내었다. 원래는 성리학을 공부하는 유학자이었지만 그는 유학자로 멈추지 않고 경학자, 예학자, 행정가, 교육학자, 사학자, 인문학자, 토목공학자, 기계공학자, 실학자, 지리학자, 의학자, 법학자, 문예비평가의 역할을 수행하였다.

이처럼 현대 사회에서 이해하기 어려운 다산 정약용은 우리 역사의 문턱에 서서 시대를 고뇌한 대표적인 지식인이었다. 그는

조선이 세상의 극심한 변화의 조짐을 보이던 시절에 새로운 조선을 꿈꾸었으며, 현실적 좌절과 학문적 성취를 동시에 남겼다. 다산은 사회 변화에 조선을 적응시키기 위하여 조선의 개혁을 꿈꾸었으나, 성공한 사람이 되기에는 현실은 너무 가혹하였다.

1783년 21세에 회시에 급제한 다산은 이듬해 경의진사가 되어 정조에게 중용을 진강하면서 정조의 총애를 한 몸에 받게 된다. 이때부터 그에게는 암행어사, 참의, 좌우부승지 등의 앞길이 훤한 벼슬길이 열린다. 당시 노론과 남인이 서로가 정적이 되어 서로를 견제하던 시기에 다산의 종교인 천주교가 빌미가 되어 노론(老論)이 던진 함정에 남인의 대표로 피해를 입어야 했다.

정조의 극진한 총애가 정조의 죽음을 빌미로 다산에겐 오히려 화를 초래하게 되었다. 정조의 죽음과 함께 시작된 다산의 유배는 수난과 고통의 길임을 알렸다. 그러나 그는 수난과 고통을 받아들이면서도 학문적인 야심으로 승화시켰다. 그의 둘째 형 정약전은 흑산도로 귀향을 갔고 셋째 형과 조카는 형장의 이슬로 사라졌고 자신은 18년간 유배지에서 살아야 했다. 다산은 유배된 후 수많은 걸작들을 남겼다. 마치 그는 시한부 인생처럼 언제 죽을지 모른다는 절박한 마음으로 자신이 현실적으로 하고 싶었던 사회의 변화를 학문적으로 승화시켰다.

다산은 지식에 관심이 많아 많은 공부를 하였다. 그는 주자학, 양명학, 북학, 서학 등의 해박한 지식을 바탕으로 세상을 읽었다. 서구 열강은 이미 근대화의 길로 도도히 변화를 시작한 것을 알게 되었다. 다산은 이미 우리에게 있어 근대화란 곧 서구화를 뜻했지만 서구의 근대화 물결은 이미 동양을 식민지로 만들려는 야심으로 변질되었다는 것을 알았다. 그리고 지금까지 아는 지식이 중요한 게 아니라 행동하는 지식이 필요한 시대라는 것을 깨닫게 되었다.

다산이 바람 앞에 등불과 같은 조선의 미래를 걱정하며 일생에 걸쳐서 했던 작업은 주자(朱子)의 조선을 개혁하는 일이었다. 그가 본 조선의 현실은 모든 것을 바꾸지 않으면 안되는 병든 사회였다. 병든 사회의 가장 큰 문제가 관리들의 횡포와 부정, 그 속에서 삶에 대한 희망을 잃어가는 농민들의 굶주림이었다. 이러한 현실 인식이 다산을 단순한 비판적인 사상가로서 머물게 하지 않고 개혁사상가로 몰아갔다. 그리고 아는 것에 머무르지 않고 실천실용의 학문을 지향한 실학사상의 집대성자가 되게 하기도 하였다. 정약용은 현실에서는 이루지 못하는 절망을 학문으로 승화시키며 530여 권에 달하는 방대한 저술을 남겼다.

그의 저서는 오늘날까지 전해져 많은 사람들의 삶의 지표가 되고 있으며, 시대를 뛰어 넘는 선각자적인 혜안을 가지고 있음을 느끼게 한다. 지금 급격하게 변화하는 세상은 우리에게 다시 한 번 중요한 결정을 해야 하는 갈림길에 서게 하고 있다. 급변하는 시대에 먼저 변화를 준비하게 할 것인지, 아니면 변화에 끌려가야 할지를 선택하게 하고 있다. 이럴 때 다산은 정서지능을 통해 미래를 예측하고 그에 대한 책을 남긴 인물이다. 다산이 살아 있다면 다산은 앞으로 급변하는 세상에서 살아남기 위해서는 무엇을 준비하고, 어떻게 살아야만 슬기로운 삶을 살 수 있는지를 알려 줄 것이다.

2. 새로운 세상을 꿈꾼 스티브 잡스

스티브 잡스는 정서지능이 유달리 높은 사람으로 애플의 CEO였으며, 현재까지 컴퓨터 산업과 IT 산업을 이끈 큰 별과 같은 인물이다. 스티브 잡스가 만드는 것이 사회의 표준이 되었고, 사회를 이끌었다.

스티브 잡스는 1955년 2월 24일 미국 캘리포니아 주 샌프란시스코에서 미혼모의 아들로 태어났다. 잡스는 자신이 입양아라는 사실과 공부에 대한 정확한 목표 의식을 갖지 않았기 때문에 초등학교 시절에는 공부보다는 텔레비전 보기와 자전거 타기를 좋아하는 소년이었다. 그래서 학교를 자주 빼 먹는 등 공부에 관심이 없던 아이였다. 4학년이 되어 이모진 테디 힐 선생님을 만나면서 그분에게 영향을 받아 수학에 관심을 갖기 시작했다.

잡스는 어릴 때 또래 남자아이들이 흔히 그랬듯이 새로운 기계나 가전제품을 구입하면 열어보고 분해하여 망가뜨린 적이 많았다. 잡스는 고등학교에 들어가 함께 애플을 창업해 세계적인 회사로 만들게 된 스티브 워즈니악을 만나게 된다. 아버지 집의 차고에서 애플 I 컴퓨터를 판매하기 위하여 워즈니악을 설득하여 1976년 애플컴퓨터를 설립했다.

“내가 애플의 최고경영자(CEO)로서 더 이상 직무를 수행할 수 없고 기대를 충족시킬 수 없는 날이 오면 여러분에게 가장 먼저 알리겠다고 항상 말해왔습니다. 불행하게도 바로 그날이 왔습니다.” 미국 애플의 스티브 잡스(Jobs·56)가 24일(현지시각) CEO직을 물러나며 애플 직원들에게 보낸 편지다. 그리고 그는 2011년 10월 5일 오랜기간 앓아온 췌장암으로 세상을 떠났다.

기업 CEO가 바뀌는 일이야 비일비재하지만 잡스의 사임은 특별하다. ‘PC 시대’를 열었고, 스스로 그 PC 시대를 저물게 한 천재 경영인의 퇴장이기 때문이다. 그는 세계 최초로 대중화에 성공한 PC ‘애플Ⅱ’를 만들었고, 다시 스마트폰 아이폰과 태블릿 PC 아이패드를 내놓으며 PC 시장에 결정적인 타격을 가했다.

스티브 잡스는 1976년 스티브 워즈니악, 로널드 웨인과 함께 애플을 공동 창업했다. 그리고 만든 애플2 컴퓨터를 통해 개인용 컴퓨터를 대중화하였다. 또한 그림으로 된 아이콘을 눌러 실행하는 기능과 마우스의 가능성을 처음으로 내다보고 애플 리사와 매킨토시에서 이 기술을 도입하였다.

스티브 잡스는 1985년 경영분쟁에 의해 애플사에서 나온 이후 NeXT 컴퓨터를 창업하여 새로운 개념의 운영체제를 개발했다. 1996년 애플사가 NeXT를 인수하게 되면서 다시 애플사로 돌아오게 되었고, 1997년에는 임시 CEO로 애플을 다시 이끌게 되었으며 이후 다시금 애플사가 혁신을 일으켜 시장에서의 성공을 거두게끔 이끌었다.

잡스는 《인크레더블》과 《토이 스토리》 등을 제작한 컴퓨터 애니메이션 제작사인 픽사의 소유주이자 CEO였다. 월트 디즈니 회사는 최근 74억 달러어치의 자사 주식으로 이 회사를 인수하였다. 2006년 6월 이 거래가 완료되어 잡스는 이 거래를 통해 디즈니 지분의 7%를 소유한, 최대의 개인 주주이며 디즈니사의 이사회의 이사가 되었다.

잡스는 이후 매킨토시, 아이폰, 아이패드 등을 만들면서 전 세계에 충격을 주었다. 잡스는 전 세계 IT 업계의 역사를 바꾸었다.

21세기 IT 산업에 일대 '혁명'을 일으킨 스티브 잡스의 '힘의 원천'은 위기상황에서의 '선택'과 '집중'이다. 자신이 맞닥뜨린 상황에서 '불가능'이라는 가정은 완전히 배제한 채 가장 현명한 선택을 하고, 그 다음에는 인재들의 능률을 최대한 끌어올려 선택에 집중함으로써 '최고의 성과'를 이뤄내었다.

잡스의 성공요인을 보면 문제 상황에서 그의 날카롭고 자극적인 커뮤니케이션 방식과, 한 치의 오차도 허용하지 않는 정확한 일처리이다. 이러한 그의 탁월한 능력은 바로 정서지능에서 출발한 것이다.

3. 나라를 위기에서 구한 이순신

무지개(Rainbow)는 비가 그친 후 태양의 반대쪽 하늘에 여러 색깔들이 어우러져 아름답고 신비한 빛을 발산하는 띠를 말한다. 무지개는 비가 그친 후 나타나는 자연적인 현상이지만 사람의 가슴을 환하게 만들어 주는 역할을 한다. 무지개는 사람들에게 꿈을 상징하기도 하고 모진 비바람 뒤에 나타나는 것이기에 희망을 의미하기도 한다.

무지개를 구성하고 있는 색들의 의미는 나라마다 다양하지만 크게 용기를 상징하는 빨강과 배려를 상징하는 주황, 지혜를 상징하는 노랑, 희망을 상징하는 초록, 신뢰를 상징하는 파랑, 비전을 상징하는 남색, 신념을 상징하는 보라 등 7가지로 구성되어 있다. 결국 무지개는 우리에게 용기를 주고, 배려를 배우게 하고, 지혜와 희망을 주고, 비전과 신념을 갖게 한다.

우리 역사에는 암울한 시대에 무지개와 같이 사람들에게 희망을 준 위인이 있었다. 바로 충무공 이순신이다. 마치 무지개가 비가 그친 후 맑은 하늘에 나타나는 희망인 것처럼, 이순신은 당시 암흑 같은 절망의 시기에 조선의 하늘에 희망으로 나타났다.

　이순신은 나라가 위태로운 시대에 어려운 삶을 살았다. 당파 싸움으로 조정이 분열된 시대에 태어나, 32세의 늦은 나이로 관직에 나가 북방을 수시로 위협하던 여진족에 맞서고, 권력욕과 부패로 얼룩진 정치권에 의하여 희생을 당하고, 마지막에는 조선을 침범해 온 왜군과 맞서 싸우다가 장렬하게 목숨을 던졌다.

　이순신은 무인으로 관직을 시작하여 23년간 3번의 파직을 당하고, 1번의 사형선고를 받았으며, 2번의 백의종군을 겪는 수모와 고통을 당하면서도 자신의 꿈과 희망을 지켜냈다. 권력에 굴하지 않는 용기와, 스스로 옳다고 믿는 신념을 가지고 맡은 일에 최선을 다하고, 희망을 잃어버린 백성을 높이 섬기는 배려를 하였으며, 자신을 모함하는 소리에도 의지를 굽히지 않고 오직 바른 길을 걸었다. 이순신은 여수의 전라좌수사로 부임한 지 1년 2개월 만에 수군을 굳건하게 키워내고, 거북선을 만들어 전쟁에 대비하여 23전 23승을 하는 지혜를 가졌다.

이순신은 충성스럽게 나라를 지켰으며 자신을 박해하던 조정과 대신들을 미워하지도 않았다. 이순신이 공들인 조선의 수군을 원균이 하루아침에 잿더미로 만들고 열두 척의 배만 남았지만 절망하지 않았다. 승리를 계속했지만 모함으로 조정에 불려가 모진 고문과 사형선고를 받고 백의종군을 하면서도 모진 자신의 처지를 한탄하지 않았다. 12척의 배로 수백 척의 적을 물리치면서도 자신이 가진 배나 군사가 적다고도 하지 않았다. 전쟁 중에 자신의 사랑하는 두 아들의 전사 소식을 듣고도 좌절하지 않았다. 다만 그에게는 사랑하는 홀어머니에 대한 효심과 나라를 걱정하는 충성심만이 가득했다.

그러나 역사는 세계의 그 어떤 전쟁보다 위대한 전쟁으로 기록하였으며, 세계의 명장들은 이순신의 전사를 배우고, 훌륭한 인간성에 대하여 존경하고 있다.

4. 정보혁명을 만든 빌 게이츠

마이크로 소프트를 만든 창업자, MS Windows를 만들어 세상의 컴퓨터를 지배한 황제, 지식을 가지고 세계 최고의 갑부가 된 빌 게이츠.

빌 게이츠는 축복을 받은 사람임에 틀림이 없다. 좋은 가문에서 태어나 훌륭한 교육을 받았고 정규 엘리트 코스를 밟았다.

빌 게이츠는 워싱턴 주의 시애틀에서 1955년 10월 28일 빌 게이츠 2세와 매리 맥스웰 게이츠 사이에서 태어났다. 아버지는 로펌을 공동으로 경영하는 변호사였으며 어머니는 교사 시절을 거쳐 자선 단체장이었다.

게이츠는 어릴 때부터 독서를 즐겨하였으며, 사춘기가 심했던 청소년기를 보냈다. 명문 사립학교인 레이크사이드에 입학하여 컴퓨터를 만나면서 인생의 중요한 변화를 시작하였다. 그는 레이크사이드에서 마이크로 소프트의 공동창업자 폴 앨런을 만나게 된다.

그리고 아버지의 뜻에 따라 세계 최고의 명문인 하버드 대학 법학과에 입학하였다. 그는 하버드를 다니다 회사를 창업하기 위해서 자퇴하게 된다. 그는 마이크로 소프트를 창업하여 오늘날 세계 최고의 부자가 되었으며, 명예로운 퇴진을 하고 자선사업가로 활동하고 있다.

하지만 어린 시절의 빌 게이츠는 산만하고 모든 일을 얼렁뚱땅 대충 처리하며 뭐든지 잘 잃어버리기 일쑤였다. 그러나 컴퓨터와 함께하면서 컴퓨터의 매력에 빠져 중학교 2학년 때에 아버지 차고에서 세계 최고의 컴퓨터 전문가를 꿈꾸었고, 그는 실천하였다.

학생의 신분을 버리고 사업을 하는 것은 지금도 쉬운 것이 아니지만 빌 게이츠는 도전하고 성공해냈다.

베이직(BASIC)를 만들어서 큰 성공을 맛보았다. 그러나 여기에서 멈추지 않고 MS-DOS를 만들어 그가 창업한 마이크로 소프트를 놀라울 정도로 성장하게 만든다. 그는 GUI 환경에서 컴퓨터를 움직이게 하는 윈도 1.0(Windows 1.0)를 만들고 다시 이를 수정해서 윈도 2.0(Windows 2.0)을 만들고 다시 윈도 3.0(Windows 3.0)를 만들어 윈도 버전 중에서 처음으로 널리 성공시켰다. 이후에도 윈도 95, 98, Me, 윈도 XP , 윈도 비스타(Windows Vista)를 만들어 계속 변신을 하여 오늘날의 마이크로 소프트로 성장시켰다. 이로써, 마이크로 소프트사는 빌 게이츠에 의해서 세계 최고의 기업이 되었다.

빌 게이츠는 컴퓨터 사업을 시작하여 실패 없이 30년을 보냈다. 빌 게이츠의 성공 원인을 보면 미래를 볼 줄 아는 눈을 가졌기 때문이다. 컴퓨터는 하드웨어도 중요하지만 언젠가 소프트웨어가 세상을 지배하는 시대가 올 것이라고 예측했다. 그의 예측은 적중했고, 그가 만든 MS Windows가 세상을 지배하게 되었다.

빌 게이츠는 세계 최고의 갑부이자 자신의 수입의 절반을 기부한 것으로도 유명하다.

빌 게이츠는 정서지능을 통해서 정확히 미래를 예측하였고, 세상의 변화가 어떻게 될지를 예감한 사람이다. 그의 미래를 예측하는 능력이 윈도우를 만들게 한 것이다.

5. 초일류 기업을 만든 이건희

"김밥도 삼성이 만들면 잘 팔릴 것이다"라는 말이 있다. 이는 삼성이 만들면 무엇이든 다를 것이라는 기대감을 준다는 말과 같다.

오늘날의 삼성이 있기까지에는 뒤에 이건희라는 기업가가 있었다. 이건희의 말 한마디에 42만 명의 삼성 임직원들은 일사불란하게 움직인다. 그리고 세계의 경제가 움직인다. 이건희가 과연 어떤 사람이길래 삼성을 초일류 기업으로 만든 것일까?

이건희는 삼성의 창업자인 고 이병철의 삼남으로 태어나 기업가로서 한 길을 걸었다. 이건희의 어린 시절은 한마디로 외로운 시기였다. 부모는 사업으로 매우 바빴기 때문에 젖을 떼자마자 할머니에게 맡겨 유모 손에서 길러졌다. 이건희는 4년 만에 처음으로 어머니와 누나, 형들을 보았을 때 혼란스러웠다.

아버지 이병철은 애정에 목말라 있던 어린 이건희가 더욱 강하게 크기를 기대하기만 했다. 이건희가 초등학교 5학년이 되던 해에 선진국을 보고 오라는 이유로 도쿄로 유학을 보내기도 했다. 어린 이건희는 일본에서 '조센징'이라고 괴롭힘을 당하기도 하고 왕따가 되기도 했다. 외로움을 달래기 위해 개를 키우며 영화나 골프로 세월을 보냈다. 그러나 영화를 보고 개를 키우면서 외로움을 달래는 것도 더 이상 이건희의 마음에 위안이 될 수 없었다.

결국 한국에 돌아와 고등학교를 다니다 다시 유학을 가게 되었다. 유학을 다니면서 다양한 경험을 통해 최고가 되어야겠다는 목표를 갖게 되었다. 이건희는 개사육, 레슬링, 골프, 일본사, 과학분야의 전문성을 가지고 그 분야에서 최고가 되기도 했다.

이병철 회장이 숨을 거두자 이건희는 46세에 부회장에서 삼성 그룹 회장으로 지휘권을 넘겨받았다. 이건희가 취임한 지 1년이 지난 1988년에는 삼성 50주년 기념식에서 '제2의 창업'을 강조하면서 미래지향적이고 도전적인 경영으로 삼성을 '세계적인 초일류기업'으로 발전시키겠다는 과제를 좀 더 구체적으로 제시했다. 그러나 '초일류 기업'을 추진하려고 했지만 아버지에게 익숙해 있던 임직원들은 변하지 않으려고 했다. 이건희는 이대로 가다가는 삼성 전체가 역사 속으로 사라질 것 같은 절박한 위기의식까지 느꼈다.

우선 이건희는 조직을 장악하기 위해서 비서실을 축소해 나갔다. 그리고 삼성의 조직 문화를 위해 개혁을 단행했다. 직원들은 움직이지 않으려고 했지만 이건희의 현장 감독과 지속적인 감독으로 서서히 조직의 문화가 바뀌어 나갔다. 이건희는 임직원들에게 마누라와 자식을 빼고는 다 바꾸어야 한다고 주장했다. 그리고 라인 스톱제, 자율출근제, 불량품 없애기, 질적인 경영 등을 통해서 점차 삼성을 변화시켜 나갔다.

삼성은 이건희의 지도 아래 IMF라는 초유의 경제위기를 극복하고 세계 초일류 기업으로 성장하였다. 그가 성취해 놓은 업적을 읽는 것만으로도 숨이 가쁘다. 국내기업에 불과했던 삼성을 세계를 주름잡는 초일류기업으로 만들었기 때문이다.

삼성전자의 세계 1위 품목은 컬러 TV(LCD TV 포함), 스마트폰, 모니터, D램반도체, 낸드플래시, S램, 디스플레이구동칩(DDI), 스마트카드, 미디어플레이어용 집적회로(IC), 모니터용 액정표시장치(LCD), TV용 LCD, 모바일폰용 시모스이미지센서(CIS), 대형정보표시장치(LFD), 와이브로(휴대인터넷) 등이 대표적이다. 더불어 삼성전자는 노트북 PC, 생활가전 등 20여 개 제품에서 세계시장 점유율 1위를 차지했다. 브랜드 가치는 2007년 169억 달러로 세계 21위를 기록했으며, 2012년에는 329억달러로 9위에 올랐다.

2005년에는 브랜드 가치에서 난공불락으로 여겼던 일본의 소니를 앞지르고, 2006년에 삼성은 세계 TV시장에서 소니를 추월해 세계 TV 1위를 차지했다. 2011년에는 일본 전자기업 전체 영업이익을 합친 것보다 더 많은 영업이익을 달성했다.

이건희라는 인물은 곧 삼성과 마찬가지다. 그만큼 이건희에게서 삼성을 빼면 할 이야기가 없다.

6. 포기가 없는 정주영

우리는 세계에서 가장 빠르게 경제발전을 이룩한 나라다. 부존 자원이 없는 이 땅에서 살길은 오직 수출뿐이라며 건설 공사를 기적적으로 따내고, 세계에서 가장 단기간 내에 고속도로를 만든 사람, 큰 바다를 메워 농토로 바꾸고, 포니자동차를 만들어 자동차의 메카인 미국에 진출한 사람, 그는 정주영이다. 그를 거론하지 않고 한국 근대사와 경제를 이야기하는 것은 불가능한 일이다.

정주영은 가난한 농군의 아들로 태어나 초등학교밖에 나오지 않았지만 사업가가 되어야겠다는 뚜렷한 목적을 가지고 있었다. 그는 막노동 일꾼부터 쌀집 종업원까지 어려운 일을 경험했지만 자신의 꿈을 실현하기 위하여 끝까지 자신의 뜻을 굽히지 않았다. 정직과 신용으로 도움을 받아 사업을 시작하면서도 불굴의 의지와 신념으로 앞으로 나갔다. 넘어지면 일어서고, 어려우면 극복하고, 힘들면 돌아갔다.

정주영의 무에서 유를 창조하는 정신은 현대자동차를 만들어 세계 최고의 자동차 회사로 성장시켰다. 또한 조선업의 불모지였던 한국을 세계 최고의 선박제조 국가로 바꾸었다. 또한 그는 현대 건설을 만들어 좁은 국내시장보다 세계 시장을 목표로 하여 공격적인 해외 시장 진출에 성공하였다. 이로 인해 한국 경제발전에 많은 도움을 주기도 하였다. 일흔 살 늦은 나이에 정치판에 몸을 담고, 통일사업의 끈을 끝까지 붙잡고 있었다.

정주영은 누구보다 의지가 강했던 인물이다. 한 번 한다고 하면 끝장을 보고야 마는 성격이었다. 심지어 모두가 불가능하다고 말할 때도 자신이 옳다고 생각하면 끝까지 밀어붙였다. 그리고 그 일이 가능하도록 최선의 노력을 다했다. 만약 일이 잘 안되면 안되는 이유를 찾고 그것을 수정해 가면서 목표를 이루었다. 이러한 그의 "하면 된다"는 강인한 정신력은 오늘날 현대가 이 자리까지 성장한 가장 큰 이유이다.

정주영에게 배워야 할 것은 아주 많지만 그 중에서도 중요한 것을 꼽아 보면 무에서 유를 창조하는 창조능력, 하면 된다는 무서운 실천력, 부족한 상황에서도 이를 극복하고자 하는 강한 도전의식, 위기를 기회로 만드는 탁월한 능력, 어떠한 상황에서도 긍정적인 사고를 하는 자세, 근검절약을 바탕으로 하는 리더십이다.

정주영은 자신이 부족하다고 생각하거나, 꿈이 없거나, 자신감이 없거나, 창조력이 부족하거나, 넘치는 능력을 가지고도 성공에 이르지 못하는 사람들에게 '끝없는 도전'과 '포기하지 않는 비전'의 필요성을 다시 한 번 일깨워 줄 것이다.

 뒝벌(bumblebee)은 몸길이 14~20mm이다. 활동성이 높아 '윙윙거린다'는 의미에서 영어로는 'bumble bee'라고 한다. 한자로는 벌이 마치 곰처럼 크다고 하여 웅봉(熊蜂)이라 한다.

 뒝벌은 생물학적 조건으로는 날 수 없는 존재라고 한다. 큰 덩치에 비하여 날개가 너무 작기 때문이다. 그런데 뒝벌은 난다. 조건으로 나는 것이 아니다. 날아야 하기 때문에 난다. 반면에 닭은 날지 못한다. 생물학자들이 아무리 분석해 봐도 닭이 날지 못하는 이유를 찾을 수 없다고 한다. 닭은 날 수 있는 조건을 충분히 갖췄다. 그런데 날지 못한다. 왜 그러한가? 날아야 할 이유를 찾지 못했기 때문이다. 땅에 있는 먹이에 만족하며 살기 때문에 날 수 있는 능력을 포기한 것이다. 조건보다 도전정신이 중요하다는 것을 알려준다.

Part 3

포기하지 않는 도전정신

1. 꿈은 부모의 말 한 마디에서 시작된다

성공한 사람들 뒤에는 훌륭한 부모가 있다. 이들은 하나 같이 아이들이 하고 싶은 일을 잘 할 수 있도록 믿어주고 그 모습 그대로를 인정해 주며 자기존중감을 키워주었다고 한다. 내 아이가 잘할 수 있다는 긍정적인 생각을 가지고 어떤 한 부분에 대해서 만족한 결과를 가져 왔을 때만 하는 칭찬이 아닌 결과에 상관없이 지속적인 격려를 통한 지지가 그만큼 중요하다는 것이다. 때로 아이들은 부모의 이러한 마음에 못을 박기도 하지만 지속적인 부모의 믿음은 결국 원래 상태로 돌아오게 하는 힘이 되었다는 것이다.

반드시 할 수 있다는 생각을 갖게 한다.

정약용에게 제일 먼저 영향을 준 사람은 정약용의 아버지 정재원이었다. 정재원(1730~1792)은 32살의 나이에 생원 진사 시험에 모두 합격하였으며, 형조좌랑, 연천현감, 화순현감, 예천군수, 진주목사를 지냈다.

정재원(丁載遠)은 고산 윤선도(孤山 尹善道)의 손녀인 해남 윤씨(海南 尹氏)와 결혼하였다. 슬하에는 정약현(丁若鉉)·정약전(丁若銓)·정약종(丁若鍾)·정약용(丁若鏞) 등 4명의 아들과 후에 이승훈의 처가 된 한 명의 딸을 두었다.

정재원은 모든 자식들에게 똑같이 애정을 가지고 있었다. 그러나 특히 막내였던 어린 정약용에게 애정이 더 갔다. 정재원은 어린 정약용에게 할 수 있다는 자신감을 가르쳤다. 그래서 4살 때 〈천자문〉을 익히게 했고, 6살 때에는 〈사서삼경〉을 가르쳤다. 정약용은 이러한 아버지의 영향을 받아 책을 읽는 것과 글을 쓰는 데 관심을 갖게 되었다. 정약용은 7세에 한시를 지었으며, 10세 이전에 이미 자작시를 모아 〈삼미집(三眉集)〉을 편찬했다. 정약용은 10세의 어린 나이에 옛 성현들이 유교의 사상과 교리를 써 놓은 책을 읽을 정도로 어릴 적부터 영특하였다.

정재원은 관리로서 여러 지역을 다니며 정직하고 모범적인 관직 생활을 했다. 자연스럽게 아버지를 따라 다닌 정약용은 아버지의 관직 생활을 관찰하게 되었다. 나중에 이런 생활은 자신이 관직에 나갔을 때는 아버지를 모델로 삼았고, 그의 저서인 「목민심서」의 모델로 삼았다.

결국 정약용을 학문의 세계로 이끌고 관심을 가지게 했던 사람은 바로 아버지였다.

뿐만 아니라 정약용을 대표하는 저서인 「목민심서」도 바로 아버지를 따라다니면서 배운 것을 기록한 책이다. 그런 뜻에서 정약용이 만난 첫 번째 큰 스승은 바로 아버지였던 것이다.

카네기의 책 「사람을 움직이다」에서는 칭찬이 아이의 꿈을 키우는데 얼마나 중요한지 다시 한 번 알 수 있게 해준다. 나폴리의 한 공장에서 일하는 소년이 있었다. 그는 성악가를 꿈꾸었다. 그렇지만 그의 첫번째 선생님은 그를 낙담시켰다. "너는 노래를 부를 수 없어"라고 단언했던 것이다. "바람이 불어 문이 삐걱거리는 소리 같구나." 선생님은 심지어 이런 말까지 했다.

하지만 그의 어머니는 그를 껴안고 칭찬했다. "넌 노래를 할 수 있어. 점점 더 잘하고 있잖아." 그녀의 칭찬의 말과 격려가 그의 인생을 바꾸었다. 그는 음악을 계속했다. 그녀는 아들의 음악 선생님에게 지불할 돈을 벌기 위해서 맨발로 일했다.

이 이야기의 주인공인 소년은 세계 최고의 가수라 불리는 '카루소'이다. 그가 가난에 꺾이지 않고, 혹독한 훈련에 무릎 꿇지 않았던 것 모두 어머니의 긍정적인 말 덕분에 자신감을 가지게 되었기 때문이다.

자신감이 아이를 얼마나 변화시키는지 잘 보여 주는 단적인 예다. 결국 자신감을 키워주는 어머니가 있음으로 해서 큰 인물들은 어려서부터 큰 꿈을 가지고 긍정적으로 생각하는 습관을 가지게 되어 결국은 인생에서 성공할 수밖에 없었던 것이다. 성공하는 아이로 키우고 싶다면 이제 아빠들이 성공한 위인들의 어머니처럼 아이들을 격려를 해 주자.

Tip

〈잘못된 대화〉

● "네가 잘하는 게 도대체 뭐니?"

● "그럴 줄 알았다니까."

- "넌 도저히 어쩔 수가 없는 애구나."

→ 아이의 자신감을 깨는 대화를 하면 아이들은 오히려 마음의 문을 닫고 더욱 말을 하지 않게 된다. 더욱이 아빠를 미워하게 된다.

〈지혜로운 대화〉

- "틀려도 괜찮아. 틀리면 어떠니? 틀려도 괜찮은 거야. 누구나 실수할 수 있는 거란다."
- "네가 정말 열심히 했으면 그것으로 충분하거야."
- "너는 잘 할 수 있을 거야. 끝까지 해 보는 거야."

→ 아이의 자신감을 높이는 대화는 아이가 자신이 인정받고 있다는 생각을 들게 하여 더욱 높은 결과를 가져오게 된다.

2. 아이의 기를 살려주어라

우리가 단지 부모라는 이유로 세 치도 안 되는 이 혀를 놀려 아이들에게 쉽게 내뱉는 수많은 언어의 씨앗들이 아이에게 어떠한 영향력을 끼치는지 생각해보면 정말 섬짓하기까지 하다. 아이는 부모 마음대로 움직이는 인형이 아니다. 아이들은 성장하면서 수많은 변수가 생기면서 처음의 의도와는 전혀 다른 모습으로 성장하기도 한다. 부모의 관심이 때로는 아이들에게 부담이 될 수도 있다. 따라서 성공으로 가는 대화습관도 지속적인 연습을 통해 변화할 필요가 있다.

아이가 새로운 일을 시도하려 할 때는 어른의 기준으로 무조건 못하게 할 것이 아니라, 곁에서 지켜봐 주면서 실패의 두려움을 없애주고 격려해 주는 것이 중요하다.

아이의 기를 살려주기 위해서는 '넌 잘할 수 있어', '점점 나아지고 있어', '괜찮아 안되면 다시 하면 돼!', '누구든 실패를 한단다. 그러니 걱정하지 마.', '조금만 지나면 나아질 거야.', '성공은 실패 없이 얻을 수 없어.'라고 말해주면 좋다.

작은 일에도 칭찬을 해 주어라

매일 한 가지 이상 잘한 행동에 대해서는 칭찬을 많이 해준다. 단순히 말만이 아니라 머리를 쓰다듬어 주거나 엉덩이, 등을 두드려 준다. 가볍게 안아 주거나 놀란 표정을 지어 온몸으로 아이를 칭찬해 주어도 좋다.

아이가 스스로 해결할 수 있는 기회를 만들어주어라

어떤 일을 할 때 지시하기보다는 아이가 스스로 심사숙고하여 문제를 해결할 수 있는 충분한 시간을 주는 것이 좋다. 혼자서 문제를 찾아 해결할 수 있도록 끊임없이 격려하고 독립심을 북돋아준다.

비난하거나 냉소적인 태도는 금물

아이가 비록 잘못을 했다 하더라도 감정적으로 얼굴을 붉히거나 무조건 크게 화내는 일은 삼가한다. 간혹 아이가 한 일에 너무 화가 날 때 잠시 자신의 감정부터 다스리고 아이를 대해야 한다.

비교하지 마라

형제나 친구, 친척과 비교해서 아이를 위축시키지 않는다. 아이가 또래에 비해 어떤 부분에서 발달이 늦더라도 상심하지 않도록 잘하는 것을 찾아서 칭찬한다.

성취 경험을 만들어 준다

반복된 성공을 통해서 성공 경험이 누적되면 자신감이 증가한다. 따라서 아이가 충분히 달성할 수 있는 작은 목표를 부여하고 이를 성취할 수 있도록 격려하면 자신감이 증가한다.

대리 경험을 하게 한다

다른 사람이 특정 과업에서 성공을 거두는 것을 보면 "나도 할 수 있어."라는 자신감이 증가한다. 따라서 이미 성공한 사람들이나 위인들을 모델링하여 대리 경험하게 해주면 자신감이 증가한다.

아이들이 자신감을 가지면 '난 할 수 있어'라는 생각을 가지게 되고 어떤 일이든 꾸준히 할 수 있고 좋은 결과를 가져오게 된다. 이러한 긍정적 사고와 행동은 보다 좋은 성과로 이어지며, 나중에는 스트레스나 강박관념 등에 시달리지 않게 만들어 준다.

뿐만 아니라 자신감이 높은 아이는 도전에 실패해도 더 많은 노력을 하며, 하는 일이 어려워도 금방 포기하지 않는다. 반면에 자신감이 낮은 아이들은 자신을 부정적으로 보고 타인에 대해서도 부정적인 태도를 취하는 경향이 많다. 그래서 어떤 일이든 쉽게 포기하고 좋은 결과를 얻지 못한다.

자신감이 강한 아이는 모든 일에 대해서 긍정적으로 사고하고 행동함으로써 공부에 대해서도 긍정적 결과를 낳게 된다. 따라서 아이의 습관을 형성할 때 "나는 잘할 수 있다."라는 자신감을 갖도록 대화하는 것이 중요하다.

Tip

아이에게 자주해 주면 좋은 칭찬과 격려의 대화

1. 넌 할 수 있어

2. 잘했어.

3. 똑똑하기도 하지.

4. 네가 자랑스러워.

5. 엄마가 언제나 너 응원하는 거 잊지 마.

6. 넌 최선을 다하기만 하면 돼.

7. 넌 정말 소중한 존재야.

8. 넌 그럴 자격 있어.

9. 자 힘내서 한번 해 봐.

10. 최선을 다해 봐.

→ 아이에게 아침마다. 또는 유치원이나 학교를 갈 때마다 아이에게 위의 말을 해주자. 아이들은 부모의 말을 듣고 자신감을 갖게 될 것이다.

3. 실패를 두려워하지 않게 하라

아이들은 한 번의 실패로 인하여 마음을 크게 다친다. 초등학교 5학년인 미영이는 자타가 인정하는 우등생이었고, 반장인 데다 교내외 각종 대회에서 상이란 상은 죄다 휩쓸었다. 미영이는 '학교의 자랑'이었으며, '집안의 자랑'이었다. 그런 미영이가 학교에서 발표하던 중 한 선생님으로부터 발표가 적절하지 못했다는 지적을 들었다. 이후 아이는 급격히 표정이 어두워졌다.

사람들의 눈치를 살피기 시작하였고, 급기야는 자기가 잘할 수 있는 것만 하려고 하였다. 한마디로 기가 팍 죽었던 것이다. 아빠가 아무리 달래도 소용이 없었다. 한 번의 가벼운 실패가 소위 잘나가는 아이를 기가 죽은 아이로 만들어 버린 것이다. 이처럼

아이들의 가벼운 실패가 기죽은 아이를 만들고 결국에는 자신감을 상실하게 만들 수도 있다.

실패를 통해 위대해진다는 사실을 알려주자

우리가 잘 알고 있는 토마스 에디슨도 수없이 많은 실패 속에서 성공을 하였다. 어릴 때부터 어머니는 에디슨의 수많은 실패와 좌절에도 격려하는 것을 잊지 않았다. 그 결과 토마스 에디슨은 1,000종 이상을 발명했다. 많은 발명을 위해서 에디슨은 수백만 번의 실패를 거듭했지만 다시 일어나 도전하였다.

에디슨은 84년 생애 동안 무려 1천93개의 발명품을 남겼으며, 기록한 아이디어 노트만 해도 3천4백 권이나 된다. 그는 60이 넘어서도 실험에 열중하다 자신의 연구소를 모두 불태워 모든 것을 잃었다. 그러나 그는 좌절하지 않았다. 최악의 상황에서도 어머니가 자주 해주었던 든든한 격려를 바탕으로 자신의 도전의지를 불살라 다시 재기하는데 성공하였다. 이처럼 격려는 아이가 평생 자신감 있게 사는데 힘이 되어준다.

MBC에서 방영하는 '성공시대'라는 프로그램이 있었다. 이 프로그램에 출연하는 주인공들은 우리가 아는 성공한 사람들이다. 성공시대에 출현한 주인공이 189명이었는데 이들 모두가 자신이 성공하기까지 절망적인 실패담을 들려주었다.

결국 이들은 성공한 인생을 살려면 한 번 이상은 꼭 실패해 봐야 한다는 교훈을 알려준다. 따라서 "실패는 성공의 어머니"라는 말이 결코 틀린 것은 아니다. 실패한 이유를 제대로 분석했을 때 성공할 수 있는 확률 또한 높아지기 때문이다. 따라서 아이들에게 실패는 한번쯤 겪는 경험이며, 값진 성공일수록 실패 또한 크다는 것을 알려주어 실패가 두려워해야 할 대상이 아니라 한번쯤 겪어야 하는 일상이라는 것을 알려주어야 한다.

실패를 두려워하거나 실패해서 좌절하고 있는 아이에게 다음과 같은 말을 해 준다면 아이들은 자신감을 얻게 될 것이다.

미국의 전설적인 홈런타자 베이브 루쓰(Babe Ruth)는 전에 1,330번이나 삼진을 당했지만, 우리는 그가 날린 714개의 홈런을 기억할 뿐이다. 지금은 농구 황제가 된 '마이클 조던'은 초등학교 때부터 시작해 열두 살에 농구의 MVP로 선정되었으나 고등학교 때는 학교 대표팀에서 탈락하였다. 하지만, 그는 포기하지 않고 노력하였기 때문에 현재의 마이클 조던이 된 것이다. 영국의 소설가 '존 크레'는 지금까지 564권의 책을 출판하여 남들로부터 대단한 저력가라는 평을 받았지만 그러기 전에 그는 수많은 출판사에 원고를 제출하여 753통의 거절 편지를 받았지만 그는 포기하지 않고 도전하였기 때문에 세울 수 있었던 기록이다.

또 1988년 록큰롤 명예의 전당에 오른 인기 가수 '다이애나 로스'는 9집 앨범을 낼 때까지 하나의 히트곡이 없었지만 포기하지 않고 끊임없이 도전하였고 팝의 명곡 Endless Love를 불렀다. 오늘날 오락 산업의 대부이고 디즈니랜드의 설립자인 '월트 디즈니'는 다섯 번이나 파산을 경험했지만 그는 끊임없이 도전하여 오늘날의 명성을 갖게 되었다.

결국 성공한 사람들은 실패를 두려워하지 않고 도전했기 때문에 자신들이 원하는 목표에 도달할 수 있었던 것이다. 따라서 우리 아이들에게도 실패는 당연하게 겪어야 할 경험이라고 인식시켜 실패를 두려워하지 않도록 해야 한다.

 Tip

〈잘못된 대화〉

● 뭐 하나라도 제대로 할 수 없겠니?

● 안 봐도 뻔하다. 그럴 줄 알았어.

● 엄마가 그렇게 하지 말라고 했었지.

● 그럼 그렇지. 네가 하는 게 그렇지. 일 낼 줄 알았다.

● 넌 생각해 낸 것이 겨우 거기까지 밖에 안 되니?

● 네 생각처럼 쉽게 되지는 않을 거다.

● 끝내지 못할 일은 시작도 하지 말아야지.

● 그럴 줄 알았다. 제대로 하는 게 없구나.

→ 아빠가 아이에게 부정적으로 단정하듯이 말하게 되면 아이들은 아빠의 의도와는 달리 오히려 그렇게 되는 경향이 많다. 따라서 절대적으로 부정적으로 단정하는 듯한 말은 하지 말아야 한다.

〈지혜로운 대화〉

● 아빠는 항상 너를 믿는단다.

● 네가 해내지 못했지만 노력했던 그 과정만으로도 정말 훌륭하다.

● 그러니까 넌 내 딸(아들)이지.

● 누구나 실수를 하기 마련이야.

● 처음이라 힘들었지만 몇 번 해보면 쉬워질거야.

● 슬퍼하지 마. 아빠가 여기 있잖아.

→ 실패를 두려워하지 않게 하려면 아빠가 결과에 연연하지 않는다는 것을 알려주어야 한다. 이러한 아빠의 말은 아이의 두려움을 없애는 데 도움이 된다.

4. 한번 시작하면 포기하지 않게 한다

아이들을 강하게 키우기 위해서는 불굴의 정신을 길러 주어야 한다. 자기가 세운 목표를 달성하기 위해서는 어떠한 상황이 와도 포기하지 말고 꾸준히 도전해야 함의 중요성을 알려주어야 한다. 따라서 아이가 어떤 것에 흥미를 느껴서 시작하려고 한다면, 기회가 있을 때마다 끈기를 갖고 꾸준히 노력을 할 수 있도록 아빠는 격려해야 한다. 끝까지 도전해서 성취감을 얻을수록 아이는 도전정신이 더욱 높아지고 포기하지 않게 된다.

아이가 시작한 것을 포기하지 않게 하기 위해서는 '포기하지 마', '포기하면 안돼'라고 명령하기 보다는 '아빠는 끝까지 하는

○○가 보기 좋아', '힘들면 아빠가 도와줄게. 언제든지 말해'라고 아빠의 바람이나 기대감으로 말하는 것이 아이에게 따뜻한 격려가 된다.

아이들이 세운 목표에 도달하게 되면 스스로 성취감을 느끼고, 성취감은 더욱 높은 자신감을 심어준다. 이렇게 쌓인 자신감은 기나긴 인생의 여정에서 어른이 되어서도 목표를 잃지 않고 성공하는 삶을 살게 해 준다.

고승덕 씨에 대해서는 사람들이 어떤 직업이 그의 본래의 직업인지 의아해 하는 사람이 많다. 그도 그럴 것이 고 변호사는 어떤 때는 변호사로서, 어떤 때는 방송인으로서 어떤 때는 주식의 전문가로서 만나기 때문이다. 사람들은 그를 천재라고 한다. 잘은 모르겠으나 범재는 아닌 듯하다. 서울법대 재학 중에 사법시험에서 최연소로 합격하였으며, 외무고등고시에서는 차석, 행정고등고시에서는 수석으로 합격하여 고시 3관왕이 되었다.

고 변호사는 시대를 정확히 읽고 무엇이 시대를 주도할 것인가 즉, 트렌드를 정확히 분석하고 통찰하였다. 그래서 그는 사회의 주류를 이루는 트렌드를 예측하고 그 분야의 전문가가 된 것이다. 그는 법조인으로 만족하지 않고 증권이 사회의 관심사로 등장할 것이라는 예측과 함께 증권에 대해 깊이 파고들어 증권업계에서도 고수로 통한다.

고 변호사는 자신의 성공요인을 "포기하지 않으면 불가능이란 없다.”는 말로 대변하고 있다. 불가능이 발생하는 유일한 순간은 바로 포기하는 순간이라는 것이다. 그리고 그는 “절대로 자신을 남들보다 뛰어나다고 가정하지 말아야 한다.”는 충고를 전한다. 이 말의 의미는 자신이 남들보다 뛰어나도 자만하지 말고 그들과 나의 능력은 동일하다고 생각하고 남들보다 더 노력해야만 그들을 앞서갈 수 있다는 것을 의미한다.

인디언들은 비가 오지 않아 가뭄이 들면 기우제를 지낸다고 한다. 그런데 인디언들이 기우제를 지내면 꼭 비가 온다고 한다. 왜 이런 현상이 일어날까? 이 질문에 아마 당신은 “지성이면 감천이다.” 란 말처럼 뭐 열심히 공을 들여 기도를 하기 때문이라고 생각할 것이다. 인디언들의 풍속을 연구하는 학자들이 이를 연구했는데 어떤 특별한 초능력을 소유한 게 아니라 이들은 비가 올 때까지 기우제를 지낸다는 것이다. 말하자면 끝까지 해본다는 것이다.

결국 부모가 아이들의 성공을 위해 해줄 수 있는 것은 포기하지 않는 사람으로 만들어 주는 것이다. 인생이란 운동 경기와 비슷하다. 지다가도 이기는 것이 운동 경기이다. 운동 경기의 극적인 감동은 역전승의 기쁨이라 할 수 있다. 지고 있다고 포기하면 정말 이길 방법이 없다. 그러나 언제나 상황은 달라질 수 있다고 믿고 포기하지 않으면 뒤집어질 수도 있다.

결국 성공한 많은 사람들은 구체적인 목표를 가졌기 때문에 성공을 이룬 것이다. 따라서 목표설정과 포기하지 않는 태도는 꿈을 실현하는 밑거름이 됨을 아이에게 알려준다면 아이들은 포기하지 않는 삶을 살게 될 것이다.

 Tip

〈희망을 주는 대화〉

- "그렇게 하기 싫을 때가 누구나 있단다."
- "이전보다 그래도 훨씬 더 좋아졌는데."
- "네가 해보고 싶었던 일을 했다는 것만으로도 정말 대단한거야."

→ 아이가 어떤 일에 대해 두려움이 있거나 실패했을 때는 아이의 입장을 이해하는 듯이 대화를 하면 아빠가 나를 혼내지 않고 오히려 격려하고 있다는 생각에 실패를 두려워하지 않게 된다.

5. 상대방을 존중하게 하려면 존댓말을 써라

부모는 아이의 거울이다. 부모의 가치나 목적, 성실한 삶의 모습은 아이의 역할 모델이 된다. 그래서 부모가 아이에게 존댓말을 사용하면 아이도 저절로 따라하게 마련이다. 그러나 부모가 아이에게 존댓말을 사용하기란 그리 쉬운 일이 아니다. 그렇다고 해서 어려운 일도 아니다.

우선 아이가 말을 배울 때가 되면 부모는 아이와 대화를 할 때 존댓말을 사용함으로써 아이에게 본보기가 되어야 한다. 또한 아이를 자신의 소유물이 아닌 하나의 인격체로 보고 아이를 존중해 주는 차원에서도 좋은 방법이라고 할 수 있다. 존댓말 가르치기에 실패하는 부모는 자신들은 반말을 하면서 아이에게는 존댓말을 사용하라고 강요하기 때문인 경우가 많다.

안철수는 자신에게 영향을 가장 많이 준 사람이 누군가를 물으면 어머니라고 말한다. 이유는 어머니가 자신이 태어나서 지금까지 존댓말을 해주었다는 것이다. 그래서 안철수는 지금까지 만나는 사람들에게 존댓말을 했다고 한다. 심지어는 군대에서 자신의 병사들에게도 존댓말을 했다는 것이다. 이처럼 어릴 때부터 부모가 해준 존댓말은 아이의 성장에 중요한 영향을 끼친 것이다.

말은 모방에서 시작된다. 부모에게서 배운 존댓말은 아이가 어느 누구에게든지 예의바른 행동을 하게 되고 다른 사람을 존중할 수 있게 된다. 리더는 자신이 책임지고 있는 조직 구성원들을 존중할 줄 알아야 한다. 아이에게 존댓말하는 습관을 통해서 타인을 존중할 수 있는 능력을 기른다.

엄마: 여보, 주말인데 하루 종일 집에만 누워 있을 거야. 허리도 안 아파.

아빠: 피곤해서 잠 좀 자야겠어. 제발 좀 쉬게 나 좀 가만둬라.

엄마: 다른 집들은 주말이면 가족끼리 등산도 가고 영화도 보고 그런다는데….

아이: 아빠, 피자 좀 사 줘.

아빠: 아빠한테 피자 좀 사줘가 뭐야? 피자 사주세요 라고 그래야지~

아이: 아빠는 엄마랑 존댓말 사용 안하잖아요?

→ 아이들은 아빠의 대화 기술에서 혼란스러움을 느낀다. 존댓말을 사용하지 않는다고 아이들을 나무라기 전에 부부가 존댓말을 쓰면 아이들도 따라서 존댓말을 사용하기 때문에 교육적으로도 좋다.

어른들의 말하기 습관이 좋지 않거나 집안식구들의 대화 기술이 좋지 못하면 아이의 말하기 습관이 나빠지는 것은 당연하다. 문제는 말하기 습관은 어려서 잘못 들여놓으면 다 자란 다음에는 잘 고쳐지지 않는다. 따라서 아예 말을 배울 때부터 존댓말을 제대로 사용하도록 지도하는 것이 좋다. 어려서부터 존댓말을 사용하는 습관을 들이면 성인이 된 후 자연스럽게 존댓말을 사용할 수 있게 되어 결국은 사람들이 좋아하는 리더가 될 수 있다.

부모가 아이를 위해 돈을 들여 피아노, 미술, 수학, 국어 등 여러 학원에 보내고 공부도 열심히 시키는 이유는 아이가 자란 후 훌륭한 사회인으로 인정받도록 하기 위해서일 것이다. 그러나 앞으로는 말 습관이 바르지 못하면 아무리 성적이 좋고 재능이 많은 사람도 존경받기가 어려울 것이다.

6. 정직한 아이로 키우고 싶다면 부모가 먼저 약속을 지켜라

사람은 혼자 사는 것이 아니라 더불어 살아가기 때문에 많은 약속이 필요하다. 요즈음에는 지식 정보화 사회로 급격하게 발전해 가는 과정 속에서 인간적 만남의 기회가 줄어들고, 공동체 의식이 많이 결여되고 있는 현실이지만, 사람이 함께 살아가야 한다는 것은 변함없는 사실이다. 그러므로 더불어 살아가기 위한 약속들에 대한 교육은 빠질 수 없다.

일단 아이들에게 약속의 중요성을 알려주기 위해서는 부모도 약속한 대로 행동해야 한다. 예를 들어 부모가 아이에게 숫자를 100까지 센다면 맛있는 아이스크림을 사주겠다, 라고 아이에게 약속을 한다면 아이는 부모를 믿고 숫자 100까지 세기 위해 열심히 공부할 것이다. 그 뒤 아이는 숫자 100까지 세는 법을 터득하게 되고 부모 앞에서 자신 있게 1부터 100까지 세 보일 것이다.

만약 아이가 100까지 세었음에도 불구하고 약속했던 아이스크림을 사주지 않으면 아이는 크게 실망할 것이다. 그렇게 부모가 계속해서 아이와의 약속했던 행동을 지키지 않는다면 아이는 부모를 불신하게 될 것이고, 아이 역시 정직하게 말하는 습관을 갖지 못할 것이다. 그러므로 부모나 아이를 가르치는 사람은 아이와 대화할 때는 물론이며 아이 앞에서의 모든 말과 행동을 일관성 있게 해야 할 것이다. 그리고 거기에서 아이는 옳고 그름을 구별하게 되고 정직한 말 습관을 익히게 될 것이다.

「리더로 키운 유태인 부모의 말 한마디」에서는 "재능과 더불어 훌륭한 인격을 갖춘 사람으로 키우기 위해서는 부모가 먼저 모범을 보여야 한다."고 했다. 앞에서도 말했지만 부모나 아이를 가르치는 사람은 아이와의 대화에서 먼저 모범을 보이는 것이 가장 좋은 방법 중 하나이다.

7. 순간적인 거짓말도 어릴 때 바로잡아야 한다

아이들은 누가 봐도 뻔한 거짓말을 자주 한다. 아이들이 순간적인 거짓말을 하는 이유는 관심을 받고 싶어서이기도 하고, 야단맞을까봐 그러기도 한다. 순간적인 거짓말은 정상적인 발달과정에서 나타나는 현상이긴 하지만 거짓말은 습관이 될 수 있기 때문에 바로잡아줘야 한다.

순간적인 거짓말을 그냥 받아들이게 되면 아이는 습관적이 되고, 바늘도둑이 소도둑이 되듯이 순간적인 거짓말이 고정된 거짓말이 될 수 있기 때문에 바로잡아줘야 한다. 순간적인 거짓말을 할 때 아이들에게 부담감을 주지 않고 바로잡는 방법은 다음과 같다.

- 아이의 거짓말은 자연스러운 일임을 받아들인다.

아이들이 거짓말을 하는 것은 자연스러운 현상이다. 그러므로 부모는 아이의 거짓말을 너무 심각하게 받아들이지 말아야 한다. 부모는 아이가 거짓말을 한다고 해서 너무 놀라거나 나쁘다고 말하면 아이에게 심리적인 충격을 줄 수 있다.

- 거짓말이라고 하지 않는다.

아이가 거짓말을 했더라도 "거짓말 마"라고 표현하지 말아야 한다. 아이 입장에서는 거짓말을 하려는 의도보다 이야깃거리가 없어서 순간적으로 지어내는 거짓말이 많은데 이런 것까지 거짓말로 인정받게 되면 아이는 더 이상 할 말이 없어지게 된다.

– 아이의 마음을 이해해 준다.

아이들은 부모에게 관심과 칭찬을 받고 싶은 마음에 거짓말을 하기도 한다. 이럴 때는 "아 그랬구나. 우리 세연이가 기분 좋았겠다. 그런데 다음부터는 그러면 안돼"라며 아이의 마음을 이해하면서 타인을 살펴볼 수 있게끔 만들어주는 것이 필요하다.

8. 책임감을 키우려면 아이가 한 일에 책임지게 해라

아이들의 행동에 있어서 실수는 있을 수 있다. 하지만 거기에는 반드시 책임져야 할 결과가 있다는 것을 가르쳐 주어야 한다. 이 것이 부모가 아이를 훈련할 때 쓸 수 있는 강력한 무기이다. 아이로 하여금 그들의 행동에 대한 결과를 책임지게 하는 것은 부모로서 정말로 하기 힘든 결정 중 하나다. 그러나 논리적으로 아이의 연령에 감당할 만한 결과를 경험케 하고 책임지게 하는 것은 아이 양육문제의 많은 경우에 있어서 좋은 해결방안이라고 전문가들은 말한다.

아이 심리학자 데일 야곱은 그의 책 「입술을 봉하라(Element)」에서 다음과 같이 말한다. "우리가 살아가면서 무슨 일을 하든지 거기에는 반드시 결과가 있기 마련이다. 만약 전기세를 내지 않는다면, 집에서 전기의 혜택을 받지 못할 것이고, 일을 잘못하거나 직장에 나타나지 않으면 해고당할 것이다. 아이들이 스스로 책임지는 것을 배우게 하려면 부모는 아이들 스스로가 선택한 것에 대하여 책임져야 할 결과를 경험하게 해야 한다."

부모만 의지하는 나약한 아이로 만들지 말아야 한다. 본능적으로 부모는 아이를 불행으로부터 보호하고자 한다. 그렇다고 계속해서 덤벙대며 학교 준비물을 잊어버리는 아이에게 학교까지 갖다 주는 것이 앞으로 험하고 거친 현실세계를 헤쳐 나가야 할 아이를 진정으로 준비하게 하고 위하는 것일까? 차라리 건망증에 대한 결과를 맛보게 하는 것이 아이 스스로가 책임감을 느끼고 주변을 정리케 하는데 도움을 줄 것이다.

어떤 행동이 허용되고 또 나쁜 행실의 결과는 무엇인지 아이가 분명하게 이해해야 한다. 항상 기억해야 할 것은 어떤 일이 부모에게는 수긍이 가는 일이라고 아이도 당연히 수긍할 것이라고 생각하는 것은 옳지 못하며, 부모가 취한 반응에 대해 아이의 마음속에 의문점이 남아있지 않게 하는 것 또한 중요하다.

어떤 한 아이의 부모는 아이의 행동에 대한 결과를 미리 생각하여 두었다가 적절하게 반응할 준비를 해둔다고 한다. 그래서 여러 대안을 생각해 두었다가 문제 발생 시 아이와 정면충돌을 피할 수 있었다고 한다. 만약 아이가 선택의 자유와 함께 자신의 행동에 대한 결과를 인식하며 그것으로부터 뭔가를 배우며 성장한다면, 굳건한 기반 위에 설 수 있을 것이다.

아이를 책임감 있게 키우는데 6가지 원칙이 있다.

첫째, 한계를 정해 준다. 해서는 안되는 일과 해도 좋다는 일을 구별할 수 있도록 제안을 둔다.

둘째, 주어진 한계 안에서 선택과 자유를 준다.

셋째, 선택한 행동의 결과를 예측하고 수용하도록 한다. 때로는 적절한 선택이 아니라는 생각이 들어도 선택에 따른 결과가 어떨지 예측하고 큰 무리가 없다면 아이가 선택한 행동의 결과를 그대로 받아들이는 경험과 자세가 필요하다.

넷째, 아이에게 토론의 시간과 장소를 제공한다. 능력이 있는 아이는 무조건 그래야 한다는 설명보다는 한계에 대한 정확한 이유를 이해할 때 행동으로 옮길 수 있다.

다섯째, 부모가 규칙을 준수하고 질서를 지키는 일에 모범을 보여야 한다.

아이들 스스로 자신의 문제점과 개선할 점을 찾게 한다.

아이가 자기 문제를 얼마나 빨리 말하느냐는, 부모가 어떻게 일깨워 주느냐에 달려 있다. 일단 아이가 자신의 문제점을 확인하면, 아이 스스로 그것을 변화시키는 것을 목표로 삼고 고칠 수 있도록 도와준다.

매주 또는 한 달에 한 번 진행되는 대화를 통해 아이가 고치려고 노력 중인 문제를 자주 상기시켜 준다. 또 여러 가지 좋은 점도 함께 말해 주어 아이가 자신감을 잃지 않도록 해준다. 식사나 가족회의를 할 때 누가 어떤 문제점을 고치기로 결심했는지 말하게 한다. 그러면 다른 사람들은 아이를 격려하고 칭찬해 주고, 돕겠다고 약속해서 용기를 북돋아준다. 그러다보면 자연스럽게 책임감은 스스로 일깨워지게 된다.

 Tip

아이들이 월간 · 주간 목표에 대해서 이야기할 수 있는 환경을 만들어 준다.

－ "아빠는 이번 달을 생각해 보니 계획했던 대로 못한 게 많구나. 넌 이번 달에 계획했던 일은 어때?"

－ "아빠는 이번 주 1kg 체중감량이 목표였는데 남은 시간 동안 더 열심히 해야 될 것 같아."

－ "우리 아들은 이번 주 세운 계획들 잘 실천되어 가고 있니?"

→ 아이들이 자기가 세운 계획대로 생활하게 하려면 항상 목표를 세우도록 대화한다. 목표는 주간목표나 월간목표를 세우고 구체적으로 실천하도록 대화하는 것이 좋다.

9. 쉽게 좌절하지 않게 하려면 강하게 키워라

요즘은 대부분 아이를 한둘만 낳는다. 평균적으로는 가임부부 한 쌍이 거의 한 명 정도의 아이를 낳는다는 통계 결과도 있다. 그러다 보니 아이들을 귀하게 키우려는 노력이 경쟁하듯이 벌어지고 있다.

고학년이 되어도 모든 것을 부모에게 의지하는 아이들이 늘고 있다. 문제는 아이들은 계속 부모에게 의지하면서 나약해진다는 것이다. 부모가 살아서 평생을 보살필 수 있다면 모르지만 결국 부모 곁을 떠나야 할 아이들이기 때문에 아이가 자신의 길을 착실하게 밟아나갈 수 있도록 엄하게 다스릴 필요가 있다.

아이들이 생활하는 모습을 보고 안타까워서 부모가 대신해 주는 방청소, 옷 정리, 등하교 지원 등이 어쩌면 아이들이 직접 할 수 있는 기회를 빼앗을 수 있다는 것이다. 따라서 아이들이 할 수 있는 일은 할 수 있도록 도와는 주되 부모가 모든 것을 다해서는 안 된다. 매사에 아이에게 독립심을 키워주고 스스로 할 수 있도록 기회를 주어야 한다.

김구의 아버지 김순영은 학식은 없었으나 덩치가 크고 매우 정의로운 사람이었다. 김구의 집안은 원래는 유명한 양반 집안이었으나 당파싸움에서 밀려나 몰락하여 상민이 되었다. 김구의 아버지는 상민이면서도 양반이라고 목에 힘주면서 상민들을 괴롭히는 사람들을 닥치는 대로 때려눕혔기에 해주감영을 제집 드나들 듯하였다.

아버지 김순영은 가난한 자들에게는 잘하고 양반들에게는 엄하게 대하였기 때문에 양반들은 아버지를 두려워하였지만 상민들은 아버지를 존경하였다. 어린 김구는 아버지가 약한 상민이면서도 사회의 정의를 바로잡기 위해서 노력하는 것을 보고 자신도 나중에 어른이 되면 아버지 같은 사람이 되어야겠다고 생각하였다.

김구의 아버지가 두려운 존재가 되자 양반들은 아버지에게 잘 보이려고 지금의 면장과 같은 직책을 마련해 주었다. 하지만 아버지는 벼슬을 하면서 더욱 양반들에게 매몰차게 대했다. 세금을 거둘 때도 상민은 사정을 봐주었지만 양반들에게는 사정을 봐주지 않았다. 결국 양반들은 아버지를 비리로 모함하여 자리에서 쫓겨 나게 했다.

김구는 가난한 집안에서 태어났으나 어릴 때부터 과거를 보기 위해 공부를 하고 싶었다. 그러나 당시 상황으로 동네에 김구가 다닐 수 있는 서당이 없었으며, 양반 동네에 있는 서당에서는 상민인 김구를 받아주지 않았다. 아버지는 아들이 공부를 시작하겠다고 하니 기특하게 여기고 고민 끝에 결정을 내렸다.

"그럼 우리 집에 서당을 만들어서 훈장을 모셔 보자."

김구는 날아갈 듯이 기뻤다. 그렇게 원하던 공부를 할 수 있었기 때문이다.

아버지는 우선 사랑방에 서당을 꾸미고 아이들을 가르칠 훈장으로 이웃동네 사는 이 생원이라는 학자를 선택했다. 신분은 양반이지만 학문의 정도가 높지 않아서 다른 글방에서는 모셔가지 않았지만 인품이 좋고 겸손하신 분이었다.

김구는 아버지가 자신을 위해서는 어떤 일이라도 해줄 수 있다는 생각에 자신감이 생겼다. 그리고 열심히 공부하였다. 이후 김구의 아버지는 훈장님이 집에서 가르칠 수 없게 되었을 때도 멈추지 않고 집에서 10리나 떨어져 있는 곳의 서당에 다니게 했다. 김구는 기쁜 마음에 매일 새벽 일찍 일어나 범 망태기를 매고 험한 산길을 십리나 걸어 글방에 갔다. 어린 김구가 다니기에는 멀고 험난한 길이었지만 공부할 수 있다는 기쁨에 힘든 줄 모르고 열심히 다녔다. 어린 김구는 아버지로부터 자신감을 얻고 세상을 살아가는 방법을 배웠다. 어린 김구는 아버지를 위해서라도 꼭 공부를 열심히 해서 양반이 되어야겠다고 생각했다. 결국 김구는 아버지의 강인함을 보면서 영향을 받아 자신도 강인한 삶을 살게 된 것이다.

Part 4

감정을 잘 다스리는 부모가
정서지능이 높은 아이를 만든다

1. 긍정적 대화를 한다

감성을 길러주는 대화를 하려면 아이의 감성이 우선 드러나게 해야 한다. 하지만 아이들과의 대화에서 어려움을 겪는 가장 커다란 이유는 아이가 부모에게 감정을 숨기기 때문이다. 왜 아이들은 부모에게 자신의 문제에 대해 이야기하기를 꺼려 할까?

지난 20년 동안의 심리학자들의 연구결과 밝혀 낸 사실은 아이가 부모에게 입을 다무는 것은 부모들이 무의식 중에 습관적으로 내뱉은 말들이 아이들에게 정서적이고 성격적인 측면에 매우 나쁜 영향을 미쳤기 때문이라는 것이다. 아이들에게 나쁜 영향을 미치는 부모의 습관적인 말투는 아이들에게 지시하고 강요하거나 명령하는 말투였다.

"당장 그만둬!" "입 닥쳐!"와 같은 지시, 명령의 말투. "그러면 혼날 줄 알아" "제 시간에 안 오면 알아서 해!"와 같은 불안한 아이를 더 막다른 골목으로 몰아가는 경고, 위협의 말투.

"넌 바르게 행동해야 한다."와 같은 수천 번을 말해도 아이를 결코 변화시킬 수 없는 윤리, 설교하는 것 같은 말투.

"도대체 넌 누굴 닮아서 이러는 거니?", "널 믿었던 내가 잘못이다."와 같은 교육적으로도 정서적으로도 전혀 아무런 도움이 되지 않는 비난, 질책의 말투.

"울보", "얼간이" "멍청이"와 같은 조소, 비웃음의 말투.

“네가 뭐라고 해도 난 네가 속이고 있다는 걸 알아.”와 같은 추측, 해석의 말투.

“왜 이랬어? 이야기를 해보라니까”와 같은 집요하게 물어보기의 말투 등 이러한 말들을 습관적으로 듣고 자란 아이는 부모가 자신의 문제에 관심이 없다고 생각하고, 자신이 무력한 불행에 빠져 있다고 느끼게 된다. 그래서 자신을 경멸하게 된다. 그때 아이들은 부모에게 말대답을 하고, 반항하고, 투덜대고, 화를 내고, 고집을 부린다. 그리고 부모를 향해 입을 닫는다(율리아 기펜레이테르, 2006).

이처럼 아이들은 부모님들의 말투나 화법에서 마음의 상처를 받는 경우가 많다. 대표적인 것이 ‘비교화법’으로서 다른 대상을 내 아이와 비교했을 때 흔히 생기곤 한다. 세상에서 제일 가깝다고 느끼는 부모님들에게 비교의 대상이 되고 있다는 사실은 아이들에게 섭섭한 마음을 안겨준다.

또한 ‘단정 화법’인 “넌 왜 그 모양이니?”, “그럴 줄 알았어”와 같이 아이의 불안한 마음에 쐐기를 박고 아이를 더욱 작게 만들고 좌절하게 하는 원인이 된다. 부정적인 화법은 아이의 정서에 악영향을 끼칠 뿐만 아니라 감성을 억제하는 요인이 된다.

따라서 아이에게 부정적이고, 단정적인 언어를 사용하기 보단 긍정적인 언어를 많이 사용하며 대화하는 것이 중요하다. 아이들은 부모의 긍정적인 대화를 통해서 ‘아! 우리 부모가 나를 인정

해주고 있구나?'라는 생각에 부모에게 자신을 표현하려는 노력을 하게 된다.

부모가 자녀와 감성적인 대화를 원한다면 좀 더 아이의 입장에서 생각해 주거나 조금만 완곡하게 돌려 말하면 아이들과 깊이 있는 대화의 장을 만들 수 있다.

2. 대화에 참여하도록 유도한다

부모와 대화를 피하는 아이들은 부모의 부정적인 대화에 영향을 받은 바가 크다. 따라서 아이들의 마음의 문을 열려면 일정한 시간을 두고 기다려야지, 대화를 요구해서는 아이들이 주눅이 들어서 더욱 대화가 어려워진다.

그렇다면 말을 하지 않는 아이에게는 어떠한 식으로 접근해야 할까? 먼저 아이의 눈을 쳐다보며 엄마의 걱정되는 마음을 전한다.

"우리 세연이가 요즘 표정이 시무룩하니까 엄마는 무슨 일이 있나 궁금하기도 하고 걱정되기도 하네."라는 식의 대화로 시작하는 것이 필요하다. 하지만 아이가 대답을 안할 경우 답답하다고 해서 아이를 비난하거나 답을 요구해서는 안 된다.

예를 들어, "너 계속 엄마한테 말 안 할 거니? 말 안 할거면 인상이라도 쓰지 말던가. 하루 종일 불만 있는 표정을 하고 있으면 엄마 속이 편하겠어? 왜 너는 네 생각만 하니?" 하며 비난의 말을 하거나 "말하기 싫으면 관둬" 하며 냉정하게 말하는 것은 좋지 않다.

아이가 말하고 싶지 않아 하는 마음을 존중하되 "마음이 바뀌면 언제든지 엄마에게 말해. 엄마는 언제나 세연이의 말을 들어줄 준비가 되어 있으니까. 엄마의 도움이 필요하면 언제나 말하렴. 엄마는 기다릴게." 하고 물러서 주는 것이 필요하다.

이러한 기다림은 아이에게 부모의 마음을 느끼고 자신의 감정을 정리할 수 있는 여유를 줄 수 있다. 그리고 아이가 얘기할 경우에는 적절한 추임새를 섞어가며 대화를 들어주는 것이 필요하다. 예를 들어 "아~그랬구나." "그런 일이 있었구나" "응, 그래" 또는 고개를 끄덕끄덕 해주는 것도 좋다.

아이는 이러한 반응을 통해 부모의 관심과 사랑을 느끼고 대화를 들어주고 있다는 안도감을 느낀다. 그리고 얘기가 끝났을 시에는 아이에게 마음을 열어준 것에 대한 고마움을 표현해야 한다. "세연이에게 그런 일이 있었는 줄 엄마는 몰랐었네. 세연아, 고마워. 엄마한테 솔직하게 얘기해줘서 엄마는 너무 기쁘구나."

혹여나 아이의 고민이 생각지 못하게 크거나 할지라도 불안해

하거나 화를 내어서는 안 된다. 엄마가 감정적으로 동요할 경우 아이는 다시 마음의 문을 닫기 때문이다. 대화를 하지 않으려는 아이에게 대화를 시도하는 경우는 아이에게 여유를 두고 기다려야 하며 그 마음이 다시 닫히지 않도록 주의해야 한다.

3. 눈높이에 맞추어 대화한다

유아기의 특성 중에 하나는 물활론이다. 피아제는 초기 아이기 때(2~7세)는 모든 물체가 살아 있다고 생각하는 물활론의 시기가 있다고 주장한다. 물활론은 아이가 자기중심적으로 생각하고 그에 따라 자기가 생각하는 대로 행동하고 전 세계가 자기 감정과 욕망을 함께 공유한다고 생각하는 것이다. 예컨대 해와 달은 그가 걸어갈 때 따라 온다고 생각하고 높은 산은 키가 큰 사람이 올라가기 위해 크고, 작은 산은 키가 작은 어린이를 위해 작다고 생각하는 일이 유아에게는 가능하다.

따라서 유아기의 아이가 자기중심적 사고를 하는 것은 당연한 것이다. 그러므로 아이의 이러한 대화에 부모가 찬물을 끼얹는다면 아이는 대화가 통하지 않는다고 생각할 뿐만 아니라 자신의 생각이 틀렸다고 여기므로 말을 하는데 자신감을 잃게 된다.

예를 들면 "엄마, 달이 자꾸 따라와"라고 아이가 말했는데 부모가 "바보야, 달이 하늘에 그냥 떠 있는 건데. 네가 잘못 생각한 거야!"라고 말한다면 아이들이 지니고 있는 순수한 감성을 짓밟는 결과를 가져올 뿐 아니라 아이들은 대화를 기피하게 된다. 결국 너무 어른 중심으로 말했기 때문이다. 아이의 감성을 읽어주는 대화를 하려면

"그래? 우리 아들한테 달이 따라오면 그건 우리 아들이 너무 잘생겨서 그런 거야!"라고 한다면 아이의 눈높이에서 아이의 순수한 감성을 키워주는 긍정적인 효과를 가져올 수 있다. 아이는 이러한 부모의 대답에 힘을 얻게 되고 더 많은 감성적인 말들을 해서 칭찬을 받으려고 하게 된다.

유아기의 물활론적 사고를 하는 특성 때문에 이런 대화는 당연한 것이라고 생각해야 한다. 아이의 미발달된 사고를 일부러 지적하기 보다는 아이의 순수한 감성을 존중해 주는 융통성이 필요하다. 아이의 잘못된 부분을 너무 고쳐주려 하면 아이는 또 혼날까봐 자신의 순수한 감정을 잘 드러내려 하지 않게 된다. 따라서 아이의 순수한 감성을 어느 정도 이해해 주면서 아이의 잘못된 행동만 수정하는 대화를 하는 것이 필요하다.

4. 다양한 주제로 대화한다

아이들의 대화에는 주제가 한정되어 있다. 따라서 그 아이들이 생각하고 느낄 수 있는 범위도 한정되어 있다는 것이다. 우리는 아이들이 좀 더 많은 범위의 주제들을 가지고 느끼고 생각하는 시간이 필요하다고 생각한다. 대화하는 사람들이 항상 반복적인 아이와의 대화를 다양하게 바꾸어 주어야 한다. 먼저 어른들이 그 주제를 변환시켜 주는 역할을 하는 것이 필요하다.

"오늘 엄마가 오는 길에 벚꽃을 봤어. 벚꽃 본적 있니? 우리 지나가다가 볼까? 어때? 어떤 느낌이 나니?"

"와~ 이 책 신기하다. 우주 사진이 있네, 우리 이거 같이 볼까? 어때?"

이와 같이 여러 가지 주제를 던져주면서 그에 따른 아이의 감정을 이끌어 내야 좋은 대화법이 된다. 단 주의해야 할 점은 아이가 그 주제에 관심이 없는데 그 주제를 계속 강요해서는 안 된다. 그 주제에 관심이 없는 것도 그 아이의 감정이기 때문이다.

"오늘은 우주에 대해서 말해볼까? 내일은 곤충들에 대해서 말해보자."

이런 식의 대화 유도도 피해야 한다. 자칫하면 아이가 공부한다는 느낌이 들 수 있기 때문이다. 이러하면 아이는 감성보다는 이성을 사용하는 대화법을 하고 공부하는 압박감 때문에 자신의 감정을 잘 드러내지 않을 수도 있다. 그리고 대화하는 아이가 같이 대화하는 사람이 아닌 자신을 가르치려는 사람으로 생각하기 때문에 감정을 드러내지 않으려고 할 수 있기에 피하는 것이 좋다.

그리고 이러한 다양한 주제의 대화법의 밑바탕에는 많은 경험이 필요하다. 아이가 자신의 눈으로 직접 보고 듣고 느끼고 난 후 대화하는 것이 가장 효과적인 대화법이 된다. 간접 경험도 중요하지만 직접 경험을 하면 아이의 대화의 주제가 넓어지고 그만큼 아이와의 감성의 대화법이 부드럽게 이어질 수 있기 때문이다.

5. 아이에게 고정관념을 심어주지 마라

고정관념이란 본의가 아님에도 마음이 어떤 대상에 쏠려 끊임없이 의식을 지배하며, 모든 행동에까지 영향을 끼치는 것과 같은 관념이다. 어른들에게는 본의 아니게 굳어진 고정관념이 많다. 반면에 아이들은 아직 고정관념을 갖지 않고 있다.

따라서 부모의 고정관념들은 아이들과 대화할 때 나쁜 영향을 미칠 수도 있기 때문에 주의해야 한다. 특히 주의해야 할 것은 성 역할에 대한 지나친 고정관념이다. 우리 아이들의 감성을 제어하는 것들 중에 성 역할 고정관념은 큰 장애물로 작용한다. 여아는 항상 부드럽고, 유순하며, 조용해야 한다는 등의 고정관념은 그 아이로 하여금 다양하고 넓은 사고관념을 억제시킨다. 또한

남아들도 마찬가지이다. 성 역할 고정관념은 우리 사회의 뿌리깊이 박힌 사고이므로 피하기 힘들다. 따라서 아이와 대화하는 어른들이 그 아이들에게 고정관념을 심어주지 않도록 대화하는 것이 필요하다.

엄마: 너는 남자애가 무슨 소꿉장난을 하니?
아들: 어때서요? 재미있는 걸요. 부엌도 신기해요.
엄마: 남자애가 부엌에 들어가면 고추가 떨어진다는 소리도 못 들어 봤니?

이러한 대화를 하게 되면 부모의 고정관념이 대화를 통해 아이들에게 영향을 끼침을 볼 수 있다. 남자는 부엌에 들어가지 말아야 한다는 생각은 아이에게 가정 일을 돌보지 말라는 말로 들릴 수 있기 때문에 아이는 잘못된 생각뿐만 아니라 잘못된 감성을 갖게 될지 모른다. 나아가 아이의 감성의 폭은 줄어들게 되며, 이러한 잘못된 고정관념은 아이의 정서 발달에 장애를 줄 수 있다. 따라서 아이의 감성을 길러주려면 아이에게 고정관념을 주는 것보다는 아이가 자유로운 감정을 느끼고 나타낼 수 있도록 해야 한다.

6. 꿈을 키워 줘야 한다

모든 부모는 아이와 대화한다. 그러나 정작 우리는 아이와 어떻게 어떤 대화를 나눠야 하는지에 대해 구체적으로 아는 것이 없다. 우리는 언제나 어른들의 방식으로 아이들과 대화를 나누려고 한다. 기펜레이테르 박사는 아이와 대화를 나눌 때는 어른의 언어가 아니라 아이의 언어로 이야기해야 한다고 충고한다. 물론 아이의 언어로 이야기를 한다는 것이 말처럼 쉬운 일이 아니다. 아이의 언어를 배우는 것은 외국어 하나를 새롭게 배우는 것처럼 신기하고도 고된 일이다. 하지만 우리가 꼭 해야 하는 일이다. 내가 사랑하는 아이, 우리 사회에서 살아갈 아이, 이 아이들에게 대화법을 통해 변화시키는 것은 고되지만 중요한 일이다.

아이는 부모와의 대화를 통해 세상사는 방법을 배운다. 아이는 부모와의 대화를 통해 자신의 목표를 결정하고 자신이 살아가야 할 미래를 개척한다. 부모는 아이에게 가장 가까운 사람이며, 선생이고, 교과서이며, 거울이고, 자연이며, 세상의 전부다. 그러므로 아이와의 대화는 아이의 꿈을 키우는데 매우 중요하다. 매우 중요하기 때문에 그것은 때로 매우 위험한 일이 될 수도 있다. 좋은 대화는 꿈이 큰 아이를 만들지만 나쁜 대화는 파괴적이고, 반항적이며, 자기 자신과 세상에 대해 신뢰와 사랑을 잃어버린 불우한 아이를 만든다.

아이들에게는 수많은 꿈이 있고 그 수많은 꿈들 중 부모와의 대화를 통해 한 가지 꿈을 선택하게 될 것이다. 또한 아이들은 부모와의 대화를 통해 미래를 어떻게 살아가야 할지 계획을 세우게 된다. 그러나 아이들은 선택의 과정에서 많은 갈등을 겪게 될 것이다. 이때 아이의 훌륭한 코치인 부모는 대화로서 자녀에게 바른 꿈을 꾸게 하거나, 꿈이 좌절되지 않도록 도움을 주어야 한다.

자신이 하고 싶은 일이 있는 사람은 의욕이 생기고 잘하고 싶어서 노력을 하게 된다. 바로 그것이 꿈의 존재이유다. 그뿐 아니라 꿈이 있으면 어떤 어려움이 닥쳐도 낙심하거나 좌절하지 않고 앞을 향해 끊임없이 도전하는 힘을 갖게 된다.

실제로 역사 속에서 에디슨이나 처칠, 빌 게이츠 같은 위인이나 성공한 많은 사람들을 보면 그들은 스스로 성공한 것이 아니다. 그들의 성공은 어렸을 때부터 부모와의 대화를 통하여 정확한 목표를 세우고, 오랫동안 노력하고 공들인 대가이다.

아기는 출생 후 배가 고프면 엄마 젖을 빨기 위해 운다. 이때 엄마가 젖을 줌으로 인해서 세상을 살아가는 영양분을 제공하듯, 부모는 아이가 무엇을 원하는지, 무엇이 되고 싶은지를 알아서 그들이 꿈을 이룰 수 있도록 도와주어야 하며, 그들이 지치지 않고 도전할 수 있도록 힘이 되어주어야 한다.

7. 비전과 목표를 세워 준다

성공은 우연히 찾아오는 것이 아니라 준비하는 사람의 것이라는 말이 있다. 성공은 기대도 하지 않았는데 찾아오는 법이 없다는 말이다. 따라서 정확한 비전을 가지고 있어야 성공할 수 있다. 비전이란 말의 사전적 의미를 살펴보자면 비전이란 장래 내다보이는 일의 상황을 말하며 인생에서의 비전이란 혹자가 느끼고 생각하는 그 인생의 구상, 설계라고 말할 수 있을 것이다. 그리고 목표는 그 비전대로의 삶을 살기 위해 구체적으로 해야 할 일들일 것이다.

일본인들이 많이 기르는 관상어 중에 '코이(KOI)'라는 관상용 잉어가 있다. 이 잉어를 작은 어항에 넣어 두면 5~8센티미터밖에 자라지 않지만, 아주 커다란 수족관이나 연못에 넣어 두면 15~25센티미터까지 자란다고 한다. 그러나 강물에 방류하면 90~120센티미터까지 성장한다고 한다. 놀랄 만큼 성장할 수 있는 코이가 어항 속에서는 조무래기가 되는 이유는 코이가 어떤 환경이든 쉽게 스스로 적응해버리기 때문이다. 익숙해진다는 것은 이렇게 무서운 것이다. '코이'는 자기가 숨 쉬며 활동하는 세계의 크기에 따라 조무래기가 될 수도 있고 대어가 되기도 하는 것이다.

비전이란 '코이'라는 물고기가 처한 환경과도 같지 않을까? 더 큰 비전을 꿈꾸면 더 크게 자랄 수 있다. 성공하는 삶 역시 항상 커다란 비전과 함께 시작된다. 따라서 코이의 크기를 결정하는 것은 부모와의 대화에 달려 있다고 할 수 있다. 부모가 커다란 비전을 자녀에게 심어준다면 자녀는 자기 자신이 무엇이 되고 싶은지, 그렇다면 왜 공부해야 하는지 이유도 알 수 있을 것이며 나아가 동기유발도 되어 학습능률을 촉진시킬 것이다. 하지만 자녀가 미래에 대한 비전과 목표가 분명하지 않다면 왜 자신이 공부를 해야 하는지도 모르는 채 그저 부모가 시키니까 남들이 다 하는 공부쯤으로 생각하며 좋은 결과를 얻지 못할 것이다.

공부는 자신이 뚜렷하게 목표를 세우고 실천을 해야 하는데 단지 부모의 기대에 의해서만 공부를 하게 된다면 자녀들은 부모의 꾸지람, 사람들의 인식이 두려워 보여 주기식 공부를 하게 된다.

결국 이러한 공부는 전혀 능률적이지 않으며, 당연히 좋은 결과가 나올 리 없다. 보여 주기식 공부를 하는 아이들은 왜 공부를 해야 하는지의 필요성을 알지 못하게 됨에 따라 점차 공부가 싫어지게 된다. 따라서 부모는 자녀가 어떤 비전을 가져야 하는지, 왜 공부를 해야 하는지를 도와주는 역할을 자녀와의 대화를 통해 수행해야 한다.

〈비전을 세워주는 대화법〉

– 세연아! 앞으로 뭐가 되고 싶니?

– 세연아! 너의 꿈은 뭐니?

– 세연아! 어른이 되어서 어떻게 살고 싶니?

- 네가 원하는 비전을 위해서 무엇을 해야 하지?

- 네가 원하는 비전을 위해서 어떻게 해야 할까?

- 네가 원하는 비전을 위해서 언제부터 해야 하지?

- 네가 원하는 비전을 위해서 언제까지 해야 하지?

● Part 4 감정을 잘 다스리는 부모 정서지능 높은 아이를 만든다 ●

8. 호기심을 키워 줘라

호기심은 자라나는 아이들에게 무척이나 중요하다. 너무 과해서 통제하기 어려워도 안되겠지만 적당한 호기심은 공부하는데 의욕을 증진시키고 질문을 많이 함으로써 창의적인 생각을 유도하는데 큰 도움이 된다.

2002년 10월 9일, 일본의 평범한 한 연구원인 다나카 고이치로 씨가 호기심으로 출발하여 노벨상 화학상을 수상한 적이 있다. 다나카는 노벨상 수상식 기념 강연에서 "나는 대학에서 화학을 전공한 사람이 아니기에 역대 수상자 중에서 최대의 도전자였다고 생각한다."며 운을 뗐다. "나는 샐러리맨 기술자이다. 두뇌가 뛰어난 것도 아니고, 전문 지식도 충분하지 않다. 하지만 내가 성공한 이유는 호기심을 가지고 묵묵히 연구를 해온 결과였기에 결국 호기심이 노벨상을 타게 한 것이다"라고 하였다.

인류역사의 모든 발전은 호기심에서 시작되었다고 해도 과언이 아니다. 발명왕 에디슨은 사물에 대한 호기심으로 출발하여 아주 기발한 아이디어로 인류의 역사를 발전시켰다. 만약 그가 없었다면 우리는 현재 음악을 들을 수도 없고, 밤에 공부를 할 수도 없고, 일을 할 수도 없었을 것이다. 에디슨은 어렸을 적에 공부 못하는 말썽 꾸러기였다. 그래서 학교에서 쫓겨 나기도 하였다. 그는 호기심이 너무 많아서 공부는 뒷전으로 미루고 닭의 알을 품는 등의 괴기한 행동으로 정상적인 사회생활을 할 수가 없었다.

누가 봐도 에디슨은 문제아였다. 그러나 그 '문제아'가 지금의 인류 역사를 창출했다.

세계적인 거부이자 '컴퓨터의 황제'로 불리는 빌 게이츠도 못 말리는 호기심쟁이였다. 남들은 컴퓨터가 뭔지도 모를 때 오직 컴퓨터에만 매달려 열세 살 때에는 세계 최초로 소프트웨어 프로그램을 만들었다. 아인슈타인이 '호기심은 존재 그 자체'라는 말을 남겼듯 그는 "도대체 컴퓨터가 무엇인가?"를 알기 위해 밤을 세워가며 컴퓨터를 연구했고 훗날 최고의 컴퓨터 황제가 될 수 있었다.

비단 이뿐만 아니라 세상에 존재하는 놀라운 발명들은 대부분 호기심에서 출발하였다. 전화를 발명한 알렉산더 그레이엄 벨은 '왜 멀리 있는 사람과 대화를 나눌 수 없는 것일까?'라는 호기심을 충족하려고 전화를 발명했고, 만유인력의 법칙을 발견한 아이작 뉴턴은 '왜 사과가 땅으로만 떨어질까?'라는 호기심을 가졌기 때문에 '만유인력의 법칙'을 발견할 수 있었던 것이다.

이처럼 호기심은 아이들의 성적 향상뿐만 아니라 성공하는데 중요한 영향을 미친다는 것을 알 수 있다. 따라서 호기심을 키워주는 대화를 많이 해야 한다.

사람은 누구나 호기심으로 인하여 지금의 내가 된 것이다. 우리는 어렸을 때부터 주변에 있는 모든 사람이나 사물에 대해 호기심을 가지고 있다. 갓 태어난 어린 아이는 사물에 대한 호기심으로 인해 손을 뻗쳐 물건을 잡아 보게 하는 도전을 부여한다. 6

~7개월이 되면 오뚝이 같은 장난감을 손으로 치면서 팔을 움직이면 물체가 따라서 움직이는 것을 신기하게 여기고 같은 행동을 반복하면서 논다. 2세쯤 되면 또래들과 놀 기회가 많아져 남자나 여자의 외모나 목소리에도 흥미를 가지는 등 호기심의 범위도 넓어진다. 3세 무렵이 되면 사물에 대하여 궁금한 것을 자주 물어보게 된다. 특히 말을 배우는 순간부터 왕성하게 드러낸다. "잔디는 왜 초록색이야?", "사자는 왜 어흥 하고 울어?", "사람은 왜 두발로 걸어?" 어떻게 보면 자칫 성가실 정도로 너무 많은 질문을 한다. 대부분의 부모들이 처음에는 하나씩 대답해 주다가 질문이 꼬리에 꼬리를 물게 되면 마지막엔 짜증을 내기 쉽다. 그러나 아이가 관심을 가지고 질문해오는 그 순간이야말로 그 대상에 대해 효율적인 학습을 할 수 있는 기회이다.

아이의 질문에 짜증을 내는 부모들은 여러 가지 이유가 있을 것이다. 그 중 '답을 알지 못해서'라고 말하는 부모들이 있는데, 아이가 질문하는 것에 반드시 과학적인 정답만을 말해줄 필요는 없다.

3세 정도의 아이가 질문을 할 경우, 의인화를 통해 상상력을 키워줄 수 있다.

"엄마 비는 왜 내려?", "꽃과 나무가 잘 자라라고 구름이 물주는 거야~"

만 5~6세가 되면 그때는 과학적이며 실생활적인 대답을 해준다.

"엄마 딸기가 겨울에 나와?", "아니 5~6월에 나오는데 사람들이 겨울에도 집을 지어서 초여름인 것처럼 만들어 놓고 딸기를 키우는 거야. 우리 세연이처럼 겨울에도 딸기 먹고 싶어하는 사람을 위해서 말이야.”

아이의 호기심 질문에 답하는 3원칙

1. 질문을 무시하지 말라.
2. 지금 답하지 못할 경우 다음에 해주겠다는 약속을 하고 지켜라.
3. 아이의 눈높이로 단어를 선정하고 쉽게 이야기하라.

자신의 질문에 반응하지 않는 부모에게서 성장한 아이들은 시간이 갈수록 호기심이 사라진다. 호기심이 사라지는 순간 주변에 대한 모든 것에 대하여 큰 관심이 없어지게 되는 것이다.

이미 아이의 질문에 무관심하게 반응을 했다고 해서 포기할 필요는 없다. 당신이 질문을 시작하면 된다. 호기심을 갖게 하는 질문을 통해 아이의 상상력과 표현력은 강화될 수 있다.

- “세연아! 왜 저게 저렇게 되지?”
- “세연아! 다음에는 어떻게 될까?”
- “세연아! 여기에 이걸 넣으면 어떻게 될까?”
- “세연아! 더 멋있게 만들려면 어떻게 하면 될까?”

9. 집중력을 높여 줘라

집중력이 높아지면 학습에 대한 자신감도 강화되고 스스로 학습하는 태도를 갖추면 성적 향상을 보게 되며 나아가 긍정적이며 낙관적인 사고방식을 갖게 되어 성공하는 인생을 살게 된다.

집중은 "초점을 맞추는 것, 주의를 고정시키는 것"을 의미한다. 그러므로 집중력은 "초점을 맞추는, 주의를 고정시키는 행위 능력"을 말한다. 효과적으로 집중하기 위하여 우리의 모든 정신적 자원과 능력을 사용하여 사고의 단일 연쇄 또는 정보의 단일 조각에 초점을 맞추어야 한다. 집중력은 긴장 상태를 의미하는 것은 아니다. 진정한 집중력을 발휘할 때에 몸은 이완되는 반면 정신은 작용하여 문제를 해결하고 장면을 처리하기 위하여 그 자원을 이용하는 것이다.

집중력 향상을 위한 6단계 학습법

1단계 문제정의(무엇을 해야 하지?)

문제정의는 공부를 시작하기 전에 "무엇을 해야 하니?", "풀어야 하는 문제가 뭐니?", "해야 할 게 무엇과 무엇이니?" 등의 질문을 하는 것이다. 많은 아이들이 무엇을 해야 하는지 스스로 결정해서 하기보다는 엄마나 선생님이 시키는 대로 하는 것에 익숙해져 있기 때문에 처음에 이런 질문을 받으면 대답을 잘못 한다. 아이가 선뜻 대답을 못 한다고 해서 아이가 무엇을 해야 하는지 모른다고 단정을 짓고 엄마가 대신 말해 주어서는 안 된다. 아이가 대답할 때까지 충분히 기다려 주면서, "오늘 숙제가 뭐야?, 학원 가기 전에 해야 되는 건 없니?"와 같은 질문을 통해 약간의 힌트를 줄 수 있다.

예 "오늘 해야 하는 게 뭐가 있니?"

"풀어야 하는 문제가 뭐니?"

"어떤 공부를 해야 하니?"

2단계 계획수립(어떻게 해야 할까?)

무엇을 해야 하는지가 결정되면 "오늘은 숙제하는 데 시간이 얼마나 걸릴 것 같으니?", "보통 너 학습지 한 장 하는데 몇 분 걸리지?" 등의 질문을 통해 활동별 소요 시간을 예상하면서 계획을 세우고 효율적인 방법을 찾도록 한다. 아이들은 어른만큼 정확한 시간 개념을 가지고 있지 않기 때문에 이런 질문에 대답을 잘못 한다. 보통 한 시간 이상 붙들고 있어야 끝나는 일도 "금방 해요. 한 20분?"이라고 말하기도 하고, 30분이면 끝낼 수 있는 것도 "한 시간요"라고 말하기도 한다. 이때 "바보같이. 그거 계산도 못 하니?”라고 말하거나 “말도 안 되는 소리하지 마. 너 평소하는 거 봐서는 3시간도 모자라겠다”라는 식의 말은 하지 말아야한다. 아이의 예상을 그대로 인정해 주고, 우선은 그 안에서 계획을 짤 수 있도록 도와준다.

예 “오늘 국어, 사회 숙제랑 학습지를 해야 한다고 했지?”
“그걸 다 끝내려면 시간이 얼마나 필요할 것 같으니?”
“국어 숙제만 하는 데는 시간이 얼마나 걸릴 것 같으니?”
“보통 학습지 한 장 하는데 몇 분 걸리지?”

3단계 중간점검(어떻게 하고 있지?)

해야 할 것이 무엇이며 어떻게 할지를 결정한 후에는 실제 활동에 들어간다. 그 활동은 책을 읽는 것일 수도 있고, 문제지를 푸는 것일 수도 있으며, 숙제를 하는 것일 수도 있다. 일단 활동이 시작되면 아이에게 말을 걸지 말고 아이 스스로 주어진 과제를 마치도록 하는 게 제일 좋다.

하지만 아이가 처음의 계획과 다르게 문제에 접근하거나 딴 생각에 빠져 있는 것처럼 보일 때에는 질문을 통해 아이가 중간 점검을 잊지 않도록 이끌 수 있다.

예 “좀 전에 세운 계획대로 하는데 혹시 어려운 점이 있니?”

"계획한 시간 내에 끝내려면 지금 어디까지 해야 할까?"

4단계 끝낸 후 점검(어떻게 했지?)

"어떻게 했지?"는 과제를 끝낸 후에 제대로 했는지, 실수한 게 없는지, 빠뜨린 것은 없는지 확인하는 습관을 길러주기 위한 질문이다. 아이가 책을 덮고 다른 활동을 시작하기 전에 잠깐 책상 옆으로 가서 공부한 것을 한번 얘기하도록 할 수도 있고 연습장에 요약해 보도록 지도할 수 있다. 아이가 너무 많은 것을 빠뜨리거나 건성으로 한 것처럼 보여도 절대 화를 내거나 야단을 쳐서는 안 된다.

예 "우리 계획한 대로 됐는지 확인해 볼까?"

"계획한 시간 안에 끝낼 수 없었던 이유가 뭘까?"

"다음에 계획할 때는 숙제하는데 걸리는 시간을 몇 분으로 할까?"

"오늘 세연이가 어떤 공부를 했는지 엄마가 너무 궁금한데 얘기해 줄 수 있겠니?"

5단계 칭찬과 격려

4단계에서 아이가 부모의 질문에 척척 조리있게 대답을 잘한다면 더할 나위 없이 좋겠지만 대부분의 아이는 많은 것을 빠뜨리고, 금방 공부한 것도 더듬거리며 얘기한다. 이때 절대 화를 내거나 야단을 치지 않는 것이 중요하다. 집중력을 높이는 대화법 마지막 단계가 바로 칭찬과 격려이기 때문이다.

예 "세연이는 기억력이 좋구나. 처음에 엄마랑 약속한 것을 하나도 빠트리지 않고 기억해 해내다니!"

"오늘 배운 새로운 내용을 모두 기억하는 것은 엄마라도 어려울 거야. 그래도 구구단을 누구보다 정확하게 외우고 있으니까 엄마랑 다시 해보면 풀 수 있어!"

10. 스트레스를 날려 준다

현대인의 이야기에 자주 등장하는 것이 육체적으로 지치고 피곤하다는 말인데, 여기에는 이유가 있다. 스포츠에 강도 높은 운동 사이에 가벼운 운동을 하는 훈련 방법인 인터벌 트레이닝이라는 것이 있다. 이것은 오랫동안 운동할 수 있도록 하는 연습 방법이다. 이 방법을 일을 하거나 공부할 때 활용하여, 항상 전원이 들어와 있는 ON 상태를 유지하는 것이 아니라 때때로 긴장을 늦추는 것이 필요하다.

이것은 현대 성인의 이야기뿐만 아니라 우리 자녀들에게도 해당된다. 신체적, 환경적, 정서적 변화를 겪는 유소년기에서 학교를 다니는 청소년기에 이르기까지 요즘은 어른들보다 아이들이 더 바쁜 스케줄에 시달린다. 학원을 2-3개씩 다니는 것은 기본이며 쉬는 시간 없이 학원을 돌다가 매일밤 지쳐 쓰러져 자는 아이들도 많아지고 있다. 이러한 스트레스는 일상생활에서 변화된 행동으로 나타나기 시작하는데 짜증이 많아지거나 이유 없이 배가 아프다고 하는 경우, 집중력이 저하되는 경우 등이 있다. 물론 이러한 증세가 신체적 문제일 수도 있어서 모두 스트레스 때문이라고는 단정지을 수는 없지만 서울대 어린이 병원에 복통으로 내원한 아이의 30%가 스트레스가 원인이라는 진단을 받았다는 통계는 시사하는 바가 크다.

그러면 아이들의 스트레스를 어떻게 관리할 것인가?

자녀 스트레스 관리 3원칙

1. 스트레스의 원인을 파악한다.

2. 신체적인 운동을 한다.

3. 부모와의 관계를 개선하거나 강화한다.

스트레스의 원인을 파악하고 제거하는 것이 가장 좋은 방법이 겠지만 그것이 쉽지 않을 때에는 신체적인 운동과 부모와의 정서적 관계를 강화하는 것으로도 스트레스 관리가 가능하다.

신체적 운동에는 놀이운동, 부하운동, 이완운동 이렇게 세가지가 있다. 이것을 적절하게 섞어서 진행하는 것이다. 놀이운동은 친구들과 할 수 있는 간단한 구기운동, 부하운동은 숨이 차고 땀이 날 정도의 축구, 달리기, 줄넘기, 등산 등이 있으며 이완운동은 복식호흡, 요가, 스트레칭 등이 있다. 예를 들어 방과 후에 친구들과 축구하고 학원에 다녀온 뒤 잠자기 전에 엄마와 함께 요가하기와 같이 적절하게 배치하여 시행하면 된다. 그러나 주의해야 할 점은 아이가 원하지 않는 운동을 시킬 경우 그것 자체가 스트레스가 될 수 있으므로 강제적으로 하는 것이 아닌 아이가 원하는 운동을 선택할 수 있도록 해야 한다.

부모와 정서적 관계 강화로 가장 좋은 것은 놀이이다. 시간이 많지 않은 부모라면 퇴근 후 30분 이상 TV를 끈 상태에서 아이와 온전히 놀아준다.

대부분 엄마와의 놀이가 주를 이루는 경우가 많은데 자녀의 성정체성을 확립하고 정서적 균형을 이루기 위해 아빠와의 놀이도 중요하다. 엄마들은 아이와의 시간이 자연스럽고 놀이가 다양한 반면 아버지들은 아이들과 놀아주는 것 자체를 어려워하고 쉽게 포기해 버리는 경우가 있다. 이럴 경우 엄마는 아빠에게 노는 방법을 자세하고 구체적으로 알려주고 이를 훈련할 수 있도록 도와주는 노력이 필요하다. 엄마가 정서적이며 정적인 놀이를 한다면 아빠는 엄마와는 다른 즐거움을 느낄 수 있도록 활동적이며 몸을 많이 움직이는 몸놀이를 한다. 몸놀이는 목마태우기, 간지럼태우기, 아빠등 등산하기, 아이로 생선뒤집기 등 아빠와 아이의 몸을 활용한 놀이를 뜻한다.

스트레스는 몸에 나타나는 단순한 증상이 아니다. 우리 아이들이 부모를 향해 '살고 싶다'고 온몸으로 하는 외침이다.

Part 5

감정 코치하기

1. MBTI 검사로 아이 성격 유형을 이해하기

MBTI 검사는 인간의 심층적인 무의식 세계를 설명하는 분석 심리학의 창시자인 융(Jung)의 성격유형론을 근거로 미국의 심리학자인 브릭스(Briggs)와 마이어스(Myers)가 개발한 성격유형 검사이다. 융은 각 개인마다 선호하는 심리적 경향이 있는데 이는 선천적으로 타고나는 것으로 환경의 강화를 받아 그 개인의 성격유형으로 발달한다고 보았다. 사람은 누구나 내향적·외향적인 면을 모두 가지고 있지만, 그 중 자신에게 더 편한 느낌이 드는 쪽이 있다는 것이다.

MBTI 검사는 자신에게 어느 쪽이 더 편하게 느껴지는가에 대한 심리경향을 알아보는 도구이다. 사람은 개인마다 다르지만 공통된 특징에 따라 분류할 수 있다는 전제하에 4가지 척도(외향형-내향형, 감각형-직관형, 사고형-감정형, 판단형-인식형)에 근거하여 16가지 성격유형으로 분류하고 있다.

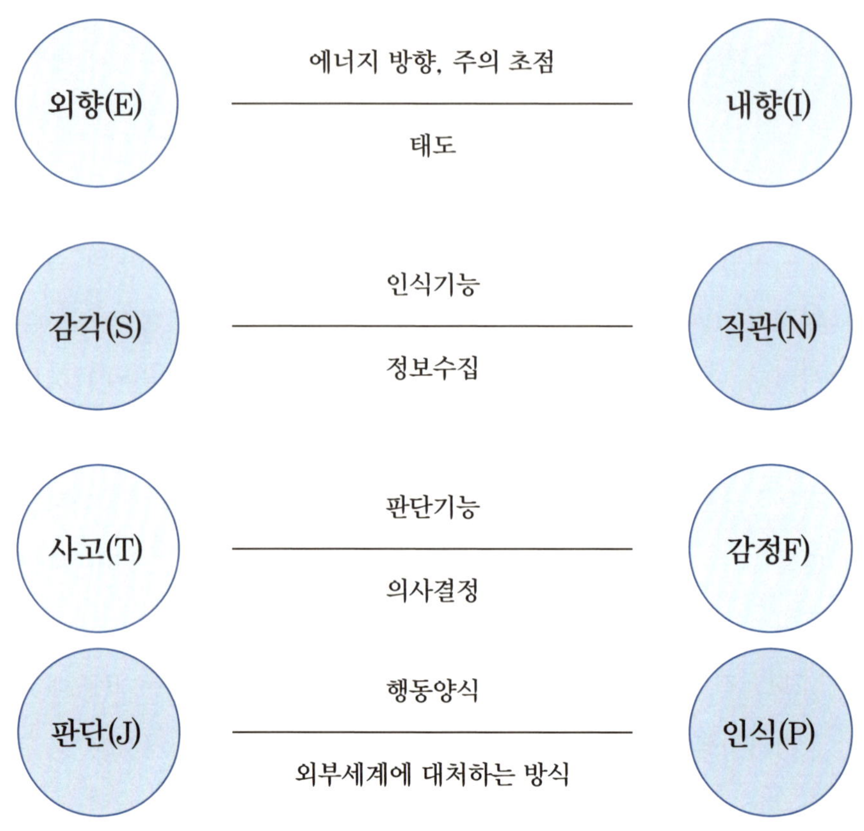

출처 : 김정택 · 심혜숙, 16가지 성격유형의 특성

〈그림〉 MBTI의 4가지 선호경향

MBTI 검사는 상담 및 심리치료 그리고 인간관계 훈련 분야에서 널리 사용되어 왔다. 최근에는 자신이 누구인가에 대한 이해를 통해 진로를 설계하기 위한 기초자료로 많이 사용되고 있다. MBTI 검사로 자신의 성격유형을 파악하고 이에 적합한 직업을 탐색해가는 방식으로 진행한다. MBTI 검사 결과가 아이의 성격

파악과 진로설계에 가치 있게 사용되기 위해서는 깊이 있는 분석과 해석이 이루어져야 한다.

다만 MBTI 검사를 할 경우 이런 점은 함께 고려되어야 한다.

첫째, MBTI 검사에서 나온 성격유형이 진정한 자신의 성격유형과 일치하는지를 구별할 수 있어야 한다. 이를 가장 잘 알 수 있는 사람은 검사를 받는 본인이다. 검사를 받는 피검사자가 특정 성격유형이 더 좋을 것이라는 편견을 가질 경우 진정한 자신의 모습이 아닌 다른 결과가 나올 수 있다. 따라서 사전에 어떤 성격유형이 더 좋다든가 하는 편견을 가지지 않아야 한다,

둘째, 자신이 진정으로 선호하는 경향과 달리 부모나 교사로부터 바람직한 행동이라고 학습한 결과를 선호 경향으로 선택할 수 있다. 즉, MBTI 검사는 성격의 좋고 나쁨을 판별하는 진단도구가 아님에도 불구하고, 검사를 받을 때 바람직한 성격처럼 보이는 것에 체크한 결과이다. 이런 경우 검사결과는 진정한 자신의 모습을 반영하지 못하게 된다.

셋째, 검사문항은 피검사자들의 심리경향을 선명히 드러내도록 반복 문항으로 구성되어 있다. 그런데 반복되는 동일 질문을 의식하면 일관성 있게 답하려는 유혹에 빠지기도 한다. 만약 일관성 있게 답하지 않으면 성격에 무슨 문제라도 있는 것처럼 인식될까봐 의식적으로 일관성 있게 답하려고 노력하는 경우가 있다. 이런 경우 진정한 자신의 성격유형을 확인하기 어려울 수 있다.

넷째, MBTI 검사를 통해 한 개인의 모든 면을 설명할 수 있다

는 생각을 버려야 한다. 이 검사는 단지 한 개인이 가지고 있는 성격유형의 대체적인 경향을 설명하는 것이다. 검사결과에서 같은 성격유형으로 나왔을지라도 두 사람의 성격이 모두 일치하지는 않다. 이는 성장환경에 따라 개인의 반응양식과 방어양식이 다르기 때문이란 점을 인식해야 한다.

심리 기능적 특성에 따라 분류하는 16가지 성격유형별 행동 및 심리특성 그리고 진로특성을 알아보면 다음과 같다.

1) ISTJ 형

○ **행동 및 심리 특성**

이 유형은 실무적인 면에서 끊고 맺음이 분명한다. 가정이나 직장에서 비교적 조용하고 진지한다. 한 번 말을 하면 반드시 지키는 유형이다. 허세를 부리지 않고 일을 하기 때문에 이들의 기여는 잘 알려지지 않거나 평가되지 않을 수 있다.

○ **진로 및 흥미 특성**

세세한 숫자를 다루는 힘겨운 일을 잘 수행하며, 안정을 추구하는 일에 잘 어울린다. 완전한 것, 실질적인 절차에 흥미를 느끼는 경우가 많다. 관련 진로는 은행, 세무, 회계업무, 병원장, 고교교사, 법무사, 법원행정, 도서관장, 사무장 등에 적합하다.

2) ISTP 형

○ **행동 및 심리 특성**

이 유형은 규칙이나 법칙에 얽매이기보다 자유로운 행동을 더 선호한다. 따라서 충동에 따라 행동하며 마음이 내키면 언제라도 일자리를 박차고 떠나는 유형이다.

○ **진로 및 흥미 특성**

도구를 잘 다루며 손재간이 뛰어난 경우가 많다. 어떤 기회, 승부, 운명에 대해 시험해보는 것을 가장 좋아한다. 논리적이고 뛰어난 상황적응력을 가진 경우가 많다. 관련 진로는 비행기 조종사, 전투지휘관 등에 적합하다.

3) ESTP 형

○ **행동 및 심리 특성**

이 유형은 매력적이고 사교적인 스타일이다. 말로 표현되지 않은 미세한 감정도 잘 파악하는 능력을 가지고 있다. 기지가 뛰어나고 끊임없는 재치와 농담으로 주위 사람을 즐겁게 해주는 경향이 있다.

○ **진로 및 흥미 특성**

극도로 위험부담을 안고 일하는데도 활기를 얻는 경향이 있다. 벤처기업 창업, 부도위험이 있는 회사 회생 전문가, 엔지니어링,

요식업, 마케팅, 경찰, 레크레이션, 분쟁조정가 등에 적합하다.

4) ESTJ 형

○ 행동 및 심리 특성

책임감이 강하며 규정과 법규를 다루는데 탁월하며, 사회의 대들보 역할을 한다.

○ 진로 및 흥미 특성

이 유형은 업무에 대한 결과가 즉각적이고 가시적이며 실제적인 일을 좋아한다. 개인사업, 행정, 관리 등에서 자신이 목표를 세우고 결정하며 필요한 명령을 내릴 수 있는 역할을 좋아한다. 이 유형의 사람들은 직장, 사회, 성직에서 책임자의 자리에 오르는 경우가 많다.

5) ISFJ 형

○ 행동 및 심리 특성

다른 사람의 필요를 채워주고 봉사하는 것에 강한 욕구를 가진 유형이다. 다른 사람이 규정을 어기면 괴로워하고 당황한다. 잘난 체하는 것을 싫어하며 겸손하고 조용한 친구를 좋아한다.

○ 진로 및 흥미 특성

규칙이 바뀌는 상황에서 일하는 것을 아주 싫어한다. 봉사하고 싶은

욕구 때문에 의사, 간호사, 교사, 비서직, 도서관 직원, 중간관리자 등
의 직업에 적합하다.

6) ISFP 형

○ 행동 및 심리 특성

무슨 일을 한 번 시작하면 몰입하는 경향이 강한다. 예술적 감
각도 뛰어나지만 사교성도 뛰어나다.

○ 진로 및 흥미 특성

베토벤, 토스카니니, 램브란트 등 유명한 예술가들이 대부분 이
유형에 속한다. 의료, 교직, 예술, 성직, 사회사업, 생산 분야 등
헌신과 뛰어난 적응력을 필요로 하는 직업에 적합하다.

7) ESFP 형

○ 행동 및 심리 특성

매력적인 온정과 낙천적인 기질이 넘친다. 같이 있으면 재미있
고 실천하는 행동가형이다.

○ 진로 및 흥미 특성

이 유형은 학구적인 탐구에는 깊은 흥미를 느끼지 못한다. 상식
과 실제적인 능력을 필요로 하는 분야의 일을 선호한다. 영업직,
디자인, 사무직, 감독직, 간호직, 기계를 다루는 분야가 적합하다.

8) ESFJ 형

○ 행동 및 심리 특성

16가지 유형 중 가장 사교적이며 사람과의 상호작용을 통해 에너지를 얻는다. 성실하고 규율을 잘 지키지만, 사람들과 격리되어 있는 것을 좋아하지 않다.

○ 진로 및 흥미 특성

이 유형은 서비스 계통을 선호하는 경향이 있다. 교육, 설교, 감독, 관리, 지도 등 사람을 대하는 직업에서 무엇이든지 잘 해내는 경향이 있다. 특히 따뜻함과 동정심을 필요로 하는 환자를 돌보는 의료분야에서 능력을 발휘하는 것이 좋다.

9) INFJ 형

○ 행동 및 심리 특성

이 유형은 타인을 돕는 일을 통해 순수한 기쁨을 누리는 것을 선호하는 편이다. 허세를 부리지 않고 창조활동을 보여 주며 학구적인 활동을 좋아한다.

○ 진로 및 흥미 특성

전공으로는 인문이나 사회계열을 택하는 경우가 많다. 심리 관련 직업, 목회, 의사, 순수과학, 문학 분야에서 능력을 발휘하는 것이 좋다.

10) INFP 형

○ 행동 및 심리 특성

마음이 따뜻하나 상대방을 잘 알게 될 때까지는 그 마음을 잘 표현하지 않는 경향이 있다. 조용하며 일에 대한 책임감이 강하고 성실하다.

○ 진로 및 흥미 특성

책과 언어에 관심이 많으며 표현력이 뛰어난 작가가 될 가능성이 높은 유형이다. 이 유형은 사업과는 거리가 먼 편이다. 학술적 활동에 재능을 보일 가능성이 높다. 교수, 건축가, 정신과 의사, 심리학자, 성직자가 적합하다.

11) ENFP 형

○ 행동 및 심리 특성

타인의 시선에 예민함과 지나친 긴장으로 인해 신체적 긴장감을 경험하는 경우가 많다. 반복적인 경험을 싫어하며 대신 아이디어나 기획 같은 창의적인 과정을 좋아한다. 관심 있는 일이면 무엇이든 척척 해내는 열성파이다.

○ 진로 및 흥미 특성

어느 분야에서든지 대체로 능력을 발휘하는 유형으로 특히, 홍보활동가, 영업직, 해석을 요구하는 예술, 정치인, 극작가에 적합하다.

12) ENFJ 형

○ 행동 및 심리 특성

카리스마적 자질이 있으며 리더십을 잘 발휘하는 유형이다. 민첩하고 참을성이 많으며 성실하다. 주위 사람들에 관심을 갖고 조화로운 인간관계에 높은 가치를 둔다.

○ 진로 및 흥미 특성

언어가 유창하여 사람을 대면하는 직종에 적합하다. 매스컴, 성직자, 영화분야에서 성공한 사례가 많다. 다만 회계업무는 피하는 것이 좋다.

13) INTJ 형

○ 행동 및 심리 특성

어떤 문제에 대해서 고집이 강한 편이며 행동과 사고가 독창적이다. 자신이 가진 영감과 목적을 실현시킬 의지와 결단력 등을 가지고 있다.

○ 진로 및 흥미 특성

직관력과 통찰력이 활용되는 분야에서 능력을 잘 발휘할 수 있다. 과학, 엔지니어링, 발명, 철학 분야 등이다. 일상이 반복되는 직종에서는 능력을 발휘하지 못한다.

14) INTP 형

○ 행동 및 심리특성

조용하고 과묵하나 관심 있는 분야에 대해서는 말을 잘한다. 매우 분석적이고 논리적이며 아이디어에 관심을 보인다. 대인관계는 비교적 소수와 깊게 교제하는 경향이 있다.

○ 진로 및 흥미 특성

지적 호기심을 발휘할 수 있는 분야의 직종을 선택하는 것이 좋다. 순수과학, 연구, 수학, 엔지니어링, 경제, 철학 분야에서 능력을 발휘할 가능성이 높다.

15) ENTP 형

○ 행동 및 심리특성

기능 분석에 능하고 복잡한 것을 수용하고 즐기는 편이다. 항상 새로운 가능성을 찾고 새로운 시도를 하는 편이다.

○ 진로 및 흥미 특성

직업이 너무 단조로운 것이 아니고, 적절히 도전성이 있을 경우에 성공할 가능성이 높다. 복잡한 문제를 해결하는 능력이 있으며 지칠 줄 모르는 에너지를 소유한 편이다. 발명가, 과학자, 저

널리스트, 마케팅, 컴퓨터 분석 등의 분야에서 능력을 발휘할 가
능성이 높다.

16) ENTJ 형

○ 행동 및 심리특성

활동적이며 논리적이고 분석적이다. 솔직하고 결정력과 통솔력
이 있고 거시적인 안목에서 일을 추진하는 경향이 있다.

○ 진로 및 흥미 특성

비능률적인 것을 잘 수용하지 못하고 반복되는 실수는 참지 못
한다. 인적 자원의 능률성과 효과성을 잘 찾으며 대부분의 경우
지도자적 입장에 서는 것을 선호한다. 군대, 사업체, 교육계, 공무
원 직종에서 책임자의 위치에 있을 때 역량을 유감 없이 발휘할
수 있는 유형이다.

2. 지능지수(IQ)와 감성지수(EQ)의 비교

지능지수(知能指數) 또는 IQ(Intelligence Quotient)는 독일의 윌리엄 스턴이라는 정신학자가 1912년에 제안한 것으로 지적 능력을 수치적으로 측정하기 위해 고안된 시험에 의해 산출되는 점수이다. 지능검사 창시자 중의 한 사람인 프랑스의 A.비네는 검사의 결과를 정신연령(지능의 발달 정도가 일반 생활연령으로 몇 살, 몇 개월 되는 사람의 평균지능에 상당하는가를 표시하는 것)으로 나타냈다.

IQ =(정신연령 ÷ 생활연령)×100

오늘날에 이르러서는, 웨슬러 성인 지능 검사와 같이 통계적으로 일반화시킨 지능검사로 점수를 매기는 방법이 사용되고 있다.

지능 검사 시험에서 얻은 점수를 평균이 100이 되도록 조절하여 나타낸다. 다시 말해 지구상의 모든 사람의 IQ 평균은 100이며, 100인 사람이 가장 많고, 100을 기준으로 해서 낮아질수록, 또는 높아질수록 그 비율은 계속해서 줄어들게 된다.

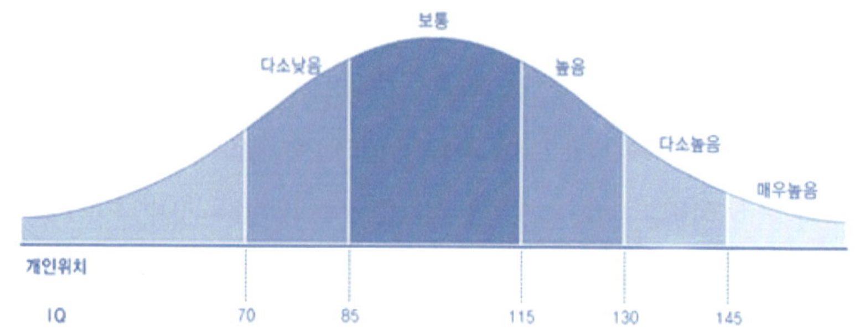

　IQ는 어떤 문제가 주어졌을 때 이해하고 분석하고 추리해서 문제해결을 할 수 있는 지적인 능력을 말한다. IQ가 높으면 사물에 대한 이해력 및 추리력 등 사고능력이 뛰어나기 때문에 인내심, 자기 동기화 등 모든 조건이 똑같은 상황에서 다른 그룹보다 월등하게 성공적인 대처를 할 수 있다.

　감성지수(Emotional Intelligence)는 감정적 지능지수라고도 한다. EQ(Emotional Quotient)는 심리학자인 다니엘 골맨(D.Goleman)이 그의 저서 「감성지능(Emotional Intelligence)」에 제시하면서 대중화되었다. 지능지수(IQ)는 뇌의 질을 따진다면, 감성지수는 마음의 지능지수라고 할 수 있다.

　EQ는 자신과 다른 사람의 감정을 이해하는 능력과 삶을 풍요롭게 하는 방향으로 감정을 통제할 줄 아는 능력을 의미한다. EQ가 높은 사람은 갈등 상황을 만났을 때 그 상황을 분석하고 올바른 판단을 하는 능력, 자신의 처지를 정확하게 인식할 수 있는 능력, 불안이나 분노와 같은 스트레스의 원인이 되는 감정을 제어할 수 있는 능력, 실패했을 경우에도 좌절하지 않고 자기 자신을 격려할 수 있는 능력, 타인의 감정에 공감할 수 있는 공감 능력, 다른 사람들과 서로 협력할 수 있는 사회적 능력 등을 포함한다.

3. 다중지능 검사로 아이 특성 이해하기

아이의 적성을 파악하기 위한 방법 중의 하나는 하버드대 교육학과 교수인 가드너(Gardner) 박사가 주창한 MI(multiple Intelligences) 이론에 기초한 다중지능 검사이다. 우리가 흔히 학교 성적이 좋은 아이들한테 머리가 좋아 공부를 잘한다는 말을 한다. 여기서 '머리가 좋다'라는 것은 'IQ가 높다'라는 말과 동의어이다. IQ가 높은 아이는 언어와 논리수리력 그리고 암기력이 뛰어나기 때문에 공부를 잘한다는 소리를 듣기 쉽다. 실제 학교에서의 교과공부는 주로 이 능력을 측정한다.

공부를 잘하면 좋은 직업을 얻을 가능성이 높은 것도 사실이다. 정부가 주관하는 국가고시, 공무원 시험, 자격증 시험 등도 모두 암기력이 좋고, 언어와 논리수리력을 지닌 사람이 유리하기 때문이다. 이러다보니 학교 성적이 신통치 않은 아이를 둔 부모는 애간장이 탄다. 남보다 잘하는 것이 없고, 목표의식도 없는 것처럼 보인다. 대학 진학은 물론이고 몇 년 후 취업은 제대로 할까 하는 걱정에 마음이 무거워진다.

그러나 너무 걱정할 필요는 없다. IQ 검사는 20세기 산업 패턴에 맞춰진 테스트이다. "학교에서 1등이 사회에서도 1등은 아니다."라는 말처럼 다양한 직업세계는 논리수리력만을 요구하지 않는다. 향후 직업세계에서는 이런 경향이 더욱 심화될 것이다. 즉, 다른 사람들을 이해하고 자기를 바라보는 능력, 예술적 감각, 창

의력 등을 지닌 사람이 중시될 것이다.

가드너의 다중지능이론은 IQ 이론의 결점과 한계를 극복한 것으로 인간의 지능은 8개의 지능으로 구성되어 있으며, 개인 간의 정도 차이는 있지만 8개의 지능을 모두 가지고 있다는 입장이다. 8개의 지능은 논리수리 지능, 언어 지능, 대인관계 지능, 공간 지능, 음악 지능, 신체운동 지능, 자연탐구 지능, 자기이해 지능으로 구성되어 있다. 8개의 지능 중 어느 분야가 특히 발달하였는지를 파악하여 이를 진로와 연계해 볼 필요가 있다. 8개의 지능에는 어떤 것들이 있는지 살펴보면 다음과 같다.

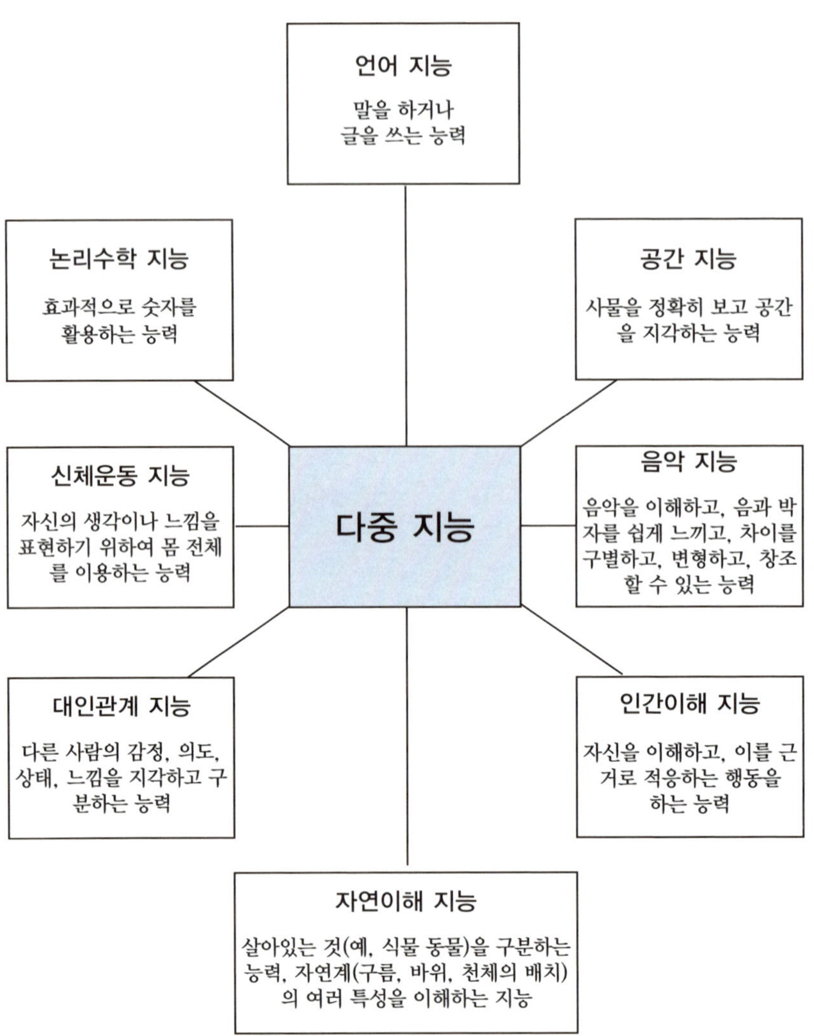

1) 언어 지능(linguistic intelligence)

언어 지능은 말을 하거나 글을 쓸 때, 단어를 효과적으로 사용할 수 있는 능력을 말한다. 언어 지능에는 언어를 음성으로 표현하는 능력, 언어의 구조를 이해하는 능력, 언어의 의미를 다루는 능력 등 언어의 실제적 능력이 포함된다. 언어 지능은 왼쪽 뇌가 관장하며, 언어 지능이 높으면 말을 잘하고, 어휘사용이 풍부하며, 대화를 잘하고, 말이나 글을 분석하고 기억하는 능력이 높으며, 사물을 표현하는 능력이 높고, 유머감각이 뛰어나며, 사실을 설명하고 설득하는 능력, 가르치고 배우는 능력이 높다. 그러나 언어 능력이 낮으면 말을 더듬거리거나, 어휘능력이 부족하며, 말을 이해하지 못하며, 사람과 대화가 잘 되지 않아 갈등이 많으며, 배우는 능력이 부족하며, 사물에 대한 표현능력이 부족하다.

언어 지능은 문학가, 시인, 소설가, 작가, 아나운서, 성우, 웅변가 등에게서 나타나는 지능이며, 셰익스피어, 이문열, 서희 등이 가진 지능이다. 언어 지능이 높은 영유아를 판별하는 방법과 언어 지능을 높이는 방법을 보면 다음과 같다.

■ 언어 지능 영아 판별법

- 이야기 듣는 것이나 말하는 것을 좋아한다.

- 책 읽어 주는 것을 유난히 좋아한다.

- 일찍부터 글을 깨우쳐 책을 읽을 수 있다.

- 또래에 비하여 책을 유난히 좋아한다.

- 또래에 비해 상황에 따라 적절한 어휘를 사용한다.

- 대화할 때 말을 매우 조리 있게 한다.

- 궁금한 내용이 있을 때마다 자주 질문을 한다.

- 궁금한 것을 사전, 백과사전 등을 즐겨 찾아 궁금증을 해결한다.

- 영아단계에서는 사물의 이름을 자주 말해준다.

- 유아단계에서는 이야기를 해주거나 그림책을 읽어 준다.

- 한번 가르쳐준 단어를 일상생활에 활용하도록 지도한다.

- 단어 게임이나 단어 퍼즐을 이용하여 언어에 대한 관심과 흥미를 높인다.

- TV나 라디오를 켜서 소리를 듣게 하여 언어적인 자극을 준다.

- 동화, 동요, 동시를 읽어 주어 감성을 키운다.

- 역사적인 사실이나 전설을 흥미있게 이야기해 준다.

2) 논리수학 지능(logical-mathematical intelligence)

논리수학 지능은 숫자를 효과적으로 활용하는 능력과 결과를 예측하거나 추론을 잘하는 능력을 말한다. 논리수학 지능은 IQ 검사와 관련하여 많이 연구되어 온 영역이다. 논리수학 지능에는 논리적으로 생각하는 능력, 원인을 통해 결과를 예측하는 능력, 사물에 대한 옳고 그름에 대한 능력, 비슷한 것과 다른 것을 묶는 범주화 능력, 사물을 나눌 수 있는 분류 능력, 계산하는 능력, 가설을 설정하고 검증하는 능력, 일반화하는 능력, 패턴을 분석하는 능력 등이 포함된다.

논리수학 지능은 수학자, 과학자, 프로그래머, 천문학자 등에게서 나타나는 지능이며, 아인슈타인, 뉴턴, 피타고라스, 빌 게이츠 등이 가진 지능이다. 논리수학 지능이 높은 영유아를 판별하는 방법과 논리수학 지능을 높이는 방법을 보면 다음과 같다.

■ 논리수학 지능 영아 판별법

- 사물의 모양, 색깔, 크기, 용도 등을 분류하거나 묶는 것을 잘
  한다.
- 원인을 보면 결과를 예측한다.
- 단계적으로 지시에 따를 것이 요구되는 프로젝트를 수행해
  본다.
- 또래에 비해 패턴을 분석하는 능력이 높다.
- 여러 자료를 보고 결론을 잘 맺는다.
- 결론에서 자료를 도출하도록 한다.
- 계산하는 것을 좋아하며, 수와 연관지어 생각하거나 말하는
  것을 좋아한다.
- 한번 풀기 시작한 문제는 어려운 문제라도 혼자 끝까지 풀려
  고 한다.
- 과학적으로 추론하는 능력이 탁월하다.
- 원리를 궁금해 하는 탐구정신이 뛰어나다.
- 새로운 물건에 대하여 호기심이 강하다.
- 물건의 작동원리나 자연의 이치에 대하여 질문을 많이 한다.

■ 논리수학 지능을 높이는 방법

- 사물의 모양, 색깔, 크기, 용도 등의 준거에 따라 분류하거나

묶는 범주화 훈련을 시킨다.

- 분류하거나 묶는 범주화 훈련을 시키고 근거를 제시하도록
  한다.
- 원인을 말하거나 보여 주고, 결과를 예측하게 한다.
- 단계적으로 지시에 따를 것이 요구되는 프로젝트를 수행해
  본다.
- 패턴 연습을 통해 다음에 나올 패턴이 무엇인지 말하게 한다.
- 여러 자료를 제공하고 이를 통해 결론을 유출하게 한다.
- 결론에서 자료를 도출하도록 한다.
- 발달단계에 따라 간단한 계산에서부터 복잡한 계산을 하는
  연습을 시킨다.
- 과학적으로 추론하는 방법을 가르친다.

3) 공간 지능(spacial intelligence)

공간 지능은 사물을 정확히 보고 공간을 지각하는 능력이고 이를 변형하는 능력을 말한다. 공간지능은 색깔, 선, 모양, 형태, 공간 등을 지각하는 능력, 이들을 변형할 수 있는 능력, 자신의 생각을 시각화하는 능력, 아이디어를 그림으로 나타내는 능력, 공간 감각을 활용하는 능력 등을 포함한다.

공간 지능은 건축가, 디자이너, 설계사, 조각가, 설치미술가, 화가 등에게서 나타나는 지능이며, 피카소, 이중섭, 가우디 등이 가진 지능이다. 공간 지능이 높은 영유아를 판별하는 방법과 공간

지능을 높이는 방법을 보면 다음과 같다.

- 그림 그리기나 낙서하기를 유난히 좋아한다.

- 여러 가지 색이 있는 물감이나 색연필을 사용해서 표현하는
  것을 좋아한다.

- 평면적인 것보다는 입체적인 것을 좋아한다.

- 조각이나 조소를 좋아한다.

- 만들기나 조립하기를 좋아한다.

- 레고나 블록 쌓기를 좋아한다.

- 가본 길을 잃어버리지 않고 잘 찾는다.

- 또래에 비해 방향감각이 뛰어나다.

- 글보다는 그림을 더 좋아한다.

- 사물을 그림으로 표현할 때 정밀하게 묘사한다.

- 그림 그리기나 낙서를 자유롭게 할 수 있도록 도와준다.

- 여러 가지 색이 있는 물감이나 색연필을 주고 다양한 표현을
  하도록 한다.

- 밀가루 반죽이나 경단을 이용해 만들기를 한다.

- 만들기나 조립할 수 있는 장난감을 갖고 놀게 한다.

- 레고나 블록을 주고 쌓기를 하게 한다.

- 숨은 그림 찾기나 틀린 그림 찾기를 하게 한다.

- 미로 찾기 놀이를 한다.

4) 신체운동 지능(bodily-kinesthetic)

신체운동 지능은 자신의 생각이나 느낌을 표현하기 위하여 몸 전체를 이용하는 능력을 말한다. 신체운동 지능은 몸으로 표현하는 능력, 사물을 만들고 변형하기 위하여 손을 이용하는 능력, 신체를 조절하는 능력, 운동을 잘하는 능력, 몸의 유연성, 빠르게 움직이는 능력 등이 포함된다. 영유아는 신체의 움직임을 통해 자신의 알고 있던 것을 표현하기 때문에 신체적 움직임을 통하여 인지적 발달을 가져올 수 있다.

신체운동 지능은 운동선수, 코치, 트레이너, 안무가, 무용가, 비보이, 행위예술가, 연극배우, 영화배우, 탤런트 등에게서 나타나는 지능이며, 찰리 채플린, 신성일, 이순재, 박세리, 김연아 등이 가진 지능이다. 신체운동 지능이 높은 영유아를 판별하는 방법과 신체운동 지능을 높이는 방법을 보면 다음과 같다.

■ 신체운동 지능이 높은 영유아를 판별하는 방법

- 또래보다 앉기, 서기, 걷기 동작을 빨리 시작한다.

- 가만히 있는 것보다 움직이며 활동적으로 노는 것을 즐긴다.

- 행동이 민첩하다.

- 또래에 비하여 신체 조절능력이 뛰어나다.

- 만들거나 움직일 때 행동의 정밀성이 높다.

- 여러 가지 운동을 잘하며, 관심도 많다.

- 움직임이 유연하다.

- 음악에 맞추어 리듬 활동을 즐긴다.

- 실내에서 노는 것보다는 밖에서 노는 것을 좋아한다.

- 가만히 있는 것보다 움직이며 활동적으로 놀도록 한다.

- 신체 조절능력이 뛰어나도록 훈련한다.

- 정밀성을 높이기 위해 정교한 만들기를 한다.

- 운동에 대한 다양한 정보를 제공하고 경험하게 한다.

- 행동이 민첩하고 유연하게 훈련한다.

- 음악을 들려주고 그에 맞추어 춤을 추게 한다.

- 자신의 느낌을 몸짓, 행동, 동작 등의 신체적 언어를 이용하여 표현
  하게 한다.

- 신체를 이용하는 일을 할 때, 신체가 어떻게 기능하는지를 알
  아본다.

- 아이디어, 의견, 느낌, 연극을 표현하기 위하여 역할놀이를 해
  본다.

- 안정된 자세를 위하여 앉기, 서기, 걷기를 훈련한다.

5) 음악 지능(musical intelligence)

음악 지능은 음악을 이해하고, 음과 박자를 쉽게 느끼고, 차이를 구별하고, 변형하고, 창조할 수 있는 능력을 말한다. 음악 지능에는 음악을 듣고 느끼는 능력, 새로운 음악을 만들어 내는 능력, 악기를 다루는 능력, 음악에 대한 민감성 등이 포함된다.

음악 지능은 높은 작곡가, 가수, 편곡가, 악기 연주가, 지휘자 등에게서 나타나는 지능이며, 실제로 베토벤, 바하, 모차르트, 정명훈, 조수미, 서태지 등 유명한 음악 관련 전문가들이 가진 지능이다. 음악 지능이 높은 영유아를 판별하는 방법과 음악 지능을 높이는 방법을 보면 다음과 같다.

■ 음악 지능 영아 판별법

- 옹알이 할 때 노래를 부르듯 한다.

- 장난감이나 교구를 가지고 소리 내는 것에 흥미를 느끼며 즐긴다.

- 좋아하는 노래나 음악을 계속 반복하여 듣기를 즐긴다.

- 혼자 웅얼거리며 노래 부르기를 즐긴다.

- 여러 가지 악기의 소리에 관심이 많다.

- 악기 연주를 잘하며 즐긴다.

- 한번 들은 멜로디, 리듬 등을 쉽게 재현해 낸다.

- 여러 가지 소리들을 잘 구별한다.

- 곡을 스스로 만들어서 부른다.

- 여러 가지 소리를 들려주고 차이를 인식하게 한다.

- 여러 가지 음악을 들려주고 차이를 인식하게 하고 말하게 한다.

- 소리나는 장난감과 교구를 통해 청각을 자극시킨다.

- 음악을 듣고 멜로디나 노래를 따라 부르게 한다.

- 목소리만을 이용하여 다양한 감정(공포, 만족, 분노, 괴로움, 유쾌한 기분 등)을 표현해 본다.

- 의미를 전달하기 위하여 다양한 음량, 음조, 음색, 불협화음을 사용해 본다.

- 박자나, 음색을 가르쳐 준다.

- 음악을 들려주고 멜로디나 리듬을 재현하게 한다.

- 악기 연주를 가르친다.

6) 대인관계 지능(interpersonal intelligence)

대인관계 지능은 다른 사람의 감정, 의도, 상태, 느낌을 지각하고 구분하는 능력을 말한다. 대인관계 지능에는 다른 사람의 얼굴 표정, 음성, 몸짓을 통해 상대방의 감정이나 느낌을 지각하는 능력, 사람의 마음을 읽는 능력, 사람을 판단하고 사귀는 능력, 좋은 인간관계를 맺는 능력, 사람을 이끄는 능력, 다른 사람을 가르치는 능력 등이 포함된다. 뇌의 앞부분이 대인관계 지능과 관련되며, 대인관계 지능이 높으면 다른 사람의 잘 드러나지 않는 의도나 욕구까지 알아낼 수 있다.

대인관계 지능은 종교지도자, 정치지도자, 교사, 치료사, 부모들에게서 볼 수 있으며, 실제로 링컨, 케네디, 처칠, 간디 등 유명한 정치지도자들이 가진 지능이다. 대인관계 지능이 높은 영유아를 판별하는 방법과 대인관계 지능을 높이는 방법을 보면 다음과 같다.

■ 대인관계 지능 영아 판별법

- 낯선 사람을 두려워하지 않는다.

- 처음 본 사람과 빨리 친해진다.

- 또래 집단과 금방 친구가 된다.

- 친구들 간에 의견 충돌이 있을 때 중재를 잘한다.

- 또래 집단에서 리더 역할을 한다.

- 상대방의 욕구나 감정을 빨리 읽는다.

- 다른 사람이 갖는 느낌에 쉽게 공감한다.

- 혼자 놀기보다는 다른 친구들과 함께 놀기를 좋아한다.

■ 대인관계 지능을 높이는 방법

- 얼굴 표정에 따라 감정의 변화를 알려준다.

- 사람의 몸짓이 나타내는 바디랭귀지를 알려준다.

- 리더십을 가르쳐 준다.

- 주변에 있는 사람들에게 용기를 주고, 칭찬하는 방법을 알려준다.

- 자신과 다른 의견을 경청하도록 훈련한다.

- 다른 사람의 의견에 공감하는 훈련을 한다.

- 다른 사람을 이해하는 방법을 알려준다.

- 사람과 쉽게 사귀는 방법을 알려준다.

- 사람을 분석하는 방법을 알려준다.

7) 인간이해 지능(intrapersonal intelligence)

인간이해 지능은 자기 자신을 이해하고, 이를 근거로 적응 행동을 하는 능력을 가리킨다. 이 개인이해 지능에는 자신을 정확히 아는 능력, 자신의 장점과 단점을 아는 능력, 자아 정체감 형성 능력, 자아 존중감을 형성하는 능력 등이 포함된다. 인간이해 지능은 문화의 상징적인 체계를 이용하고 학습함으로써 높아진다.

인간이해 지능을 가진 사람은 상담자, 종교인, 심리학자, 지도자, 코치, 멘토가 되기 쉬우며, 실제로 프로이드, 원효대사, 김수환 추기경 등이 가진 지능이다. 인간이해 지능이 높은 영유아를 판별하는 방법과 인간이해 지능을 높이는 방법을 보면 다음과 같다.

■ 인간이해 지능 영아 판별법

- 뚜렷한 자아정체감을 가지고 있다.

- 자립심이 강하여 타인에게 의존하지 않는다.

- 자기 존중감이 높다.

- 혼자서도 잘 논다.

- 꿈이 뚜렷하다.

- 쉽게 흔들리지 않고 목표를 추구한다.

- 개성이 뚜렷하다.

- 자아의식이 강하다.

- 종교나 심미적인 것에 관심이 많다.

- 자신의 장점과 단점을 정확히 알고 있다.

■ 인간이해 지능을 높이는 방법

- 자아정체감을 형성해 준다.

- 꿈을 뚜렷하게 정한다.

- 자아 존중감이 높아지도록 칭찬을 많이 한다.

- 무엇이든 혼자 잘 할 수 있다는 생각이 들게 해준다.

- 하루의 생활을 정리하는 반성일지를 쓴다.

- 한 번 정한 목표는 포기하지 않도록 훈련한다.

8) 자연이해 지능(naturalist intelligence)

자연이해 지능은 살아 있는 것(예, 식물·동물)을 구분하는 능력, 자연계(구름, 바위, 천체의 배치)의 여러 특성을 이해하는 지능을 말한다.

자연이해 지능은 사냥꾼, 수집가, 의사, 수의사, 농부, 생물학자, 환경운동가 등에게서 나타나는 지능이며, 멘델, 허준, 뉴턴 등이

가진 지능이다. 자연이해 지능이 높은 영유아를 판별하는 방법과
자연이해 지능을 높이는 방법을 보면 다음과 같다.

■ 자연이해 지능 영아 판별법

- 자연에 대한 관심이 높다.

- 동식물에 대해 유난히 애정을 가진다.

- 자기 존중감이 높다.

- 과학에 대해서 흥미를 가진다.

- 탐구능력이 있다.

- 호기심이 많다.

■ 자연이해 지능을 높이는 방법

- 자연의 소중함을 알려준다.

- 환경오염에 대한 문제성을 알려준다.

- 탐구능력을 높이는 훈련을 한다.

- 자연현상에 대한 호기심을 갖도록 한다.

- 자연과 관련된 책을 많이 읽어 준다.

　　아이들에게는 수많은 꿈이 있고 그 수많은 꿈들 중 아빠와의 대화를 통해 한 가지 꿈을 선택하게 될 것이다. 또한 아이들은 부모와의 대화를 통해 미래를 어떻게 살아가야 할지 계획을 세우게 된다. 그러나 아이들은 선택의 과정에서 많은 갈등을 겪게 될 것이다. 이 때 아이의 훌륭한 코치인 부모는 대화로서 아이에게 바른 꿈을 세우게 하거나, 꿈이 꺾이지 않도록 도움을 주어야 한다.

Part 6

자녀의 정서에 귀 기울여라

1. 아이의 마음을 어루만져 준다

'투정'은 아이의 자아 발전과정 중에 자연스럽게 나타난다. 우리는 앞에서 보았듯이 아이들이 투정하는 원인은 매우 다양하다는 것을 알 수 있다. 영아기에는 밤에 자다가 일어나 보채며, 엄마를 찾으며 자장가를 불러 주거나 다독거려 주길 원하는데 부모가 관심이 없으면 아이는 투정을 부린다. 유아기가 되면 엄마가 해주던 모든 것을 자신이 직접 해보고 싶어한다. 밥을 먹을 때, 옷을 입고 벗을 때, 세수를 할 때도 마찬가지로 직접 하겠다고 떼를 쓴다. 직접 시키면 제대로 하는 것은 별로 없지만 못하게 막는 것보다 스스로 해냈다는 성취감을 맛보고 싶기 때문이다.

투정은 조용한 아이보다는 에너지가 많고 활동적인 아이에게서 많이 볼 수 있다. 아이가 자신의 힘을 과시해 보려는 욕구, 주위의 관심을 끌려는 욕구의 표현이 바로 '투정'이기 때문이다.

그래서 아이는 '투정'을 부려 주위에서 관심을 더 받게 되거나, 원하는 대로 되는 경우 계속해서 투정을 부리게 된다. 아이의 입장에서는, 부모가 완벽주의이고 지배적일 경우 부모에게서 벗어나서 숨을 쉬는 수단이고, 성질을 부림으로써 부모를 조정할 수 있고, 때로는 처벌을 면할 수 있다는 것을 알기 때문이다.

이처럼 투정의 원인은 다양하지만 결국 투정은 부모가 아이의 마음을 정확히 몰라주기 때문에 발생한다고 할 수 있다. 투정은 아이의 강한 욕구가 정상적인 경로를 통해서는 해결되지 않으므로 그들이 할 수 있는 우는 행동, 화내는 행동, 밥을 굶는 행동, 물건을 집어 던지는 행동, 심지어는 머리를 벽에 박는 행동 등으로 나타난다.

아이는 누구나 투정을 한다. 다만 정도의 차이가 있지만 아이가 하는 투정은 무언가 자신의 욕구 충족을 전부 하지 못해서 생기는 것이다. 따라서 아이들의 투정을 귀찮게 생각하고 고쳐야 한다고 생각하여 무조건 강압적으로 제지하거나 부모의 생각대로 아이의 투정을 제지하려고 할 때, 또는 실랑이를 하다가 부모가 져서 들어주게 되면 아이의 바람직하지 않은 행동을 오히려 '강화'하게 된다.

따라서 투정하는 아이가 지금 부족한 것이 무엇인지를 찾아서 욕구들이 미숙하고 유치하더라도 다정하게 격려해주면 아이의 자

율감이 발달하게 된다. 따라서 아이의 투정이 위험한 행동이나 남에게 특별히 해가 되는 행동이 아니라면 아이의 행동을 받아주고 용납해주는 것도 좋다. 아이가 속상해 하거나 떼를 쓰면 우선 그 감정과 요구는 받아주어야 한다.

"무척 속상했겠구나."

"우리 세연이가 힘들었겠구나."

"이게 무척 갖고 싶었지."

"이게 먹고 싶었지" 하고 아이의 요구를 부모가 인정해 준다면 아이는 자신의 감정이나 요구가 인정받았다고 느끼는 순간 투정은 줄어들고 화난 감정이 누그러지게 된다.

2. 공손하게 부탁하는 방법을 가르친다

아이들이 투정하는 이유 중에 하나는 자신의 욕구를 해결하는 방법을 모르기 때문인 경우도 많다. 밥을 먹고 싶은데 밥을 어떻게 달라고 해야 좋을지, 하고 싶은 것이 있는데 어떻게 해야 부모가 해줄 것인지, 자신의 부족한 것이 있는데 어떻게 해야 채우는지를 모르기 때문에 아이들은 투정을 하게 된다. 이처럼 아이들이 자신의 욕구를 해결하는 방법을 모르기 때문에 투정을 한다고 할 때 부모가 무작정 화를 내게 되면 아이들은 더욱 투정을 심하게 부릴 수밖에 없다.

따라서 아이들에게 투정하는 대신 자신의 욕구를 공손하게 부탁하는 방법을 가르쳐 보자. 아이들이 투정을 하게 되면 부모는 다음과 같이 대화를 해보자.

예 **아이가 주말에 집에 있지 말고 동물원에 가자고 떼를 쓰는 경우**

아이: (투정하면서) 엄마, 아빠. 우리 동물원 가요. 동물들이 보고 싶어요.

엄마: 안돼!

아이: 동물원 안 가면 나 울거에요. 엉엉!

엄마: 툭하면 울기만 하고, 너 그러면 동네 밖에 버리고 올거야. (아이에게 위협을 한다.)

아이: (울면서) 그래 나 버리고 와 봐!!

부모가 아이들의 투정을 귀찮다고 생각하여 아이의 의견을 무시하고 위협을 한다면 아이들은 더욱 반항하게 되고 투정이 더욱 심해진다. 심지어 아이는 울면서 생각한다. '엄마는 날 사랑하지 않아. 엄마가 나를 버린데. 엄마는 분명히 새엄마일거야. 안 그렇다면 어떻게 저런 말을 할 수 있을까?'라고.

따라서 이런 상황에서 부모는 아이에게 투정하는 것보다는 공손하게 부탁하는 방법을 가르쳐야 한다. 예컨대, "엄마 저 동물원에 가고 싶어요. 같이 가 줄 수 있어요?"라고 하게 하거나 "엄마, 학교에서 선생님이 동물을 보고 오라고 했어요. 그래서 동물원에 가야 해요"라고 말하도록 가르친다. 공손하게 부탁하는 것은 자신의 입장을 무조건적으로 부모에게 종용하기 보다는 그렇게 해야 하는 이유와 함께 부모의 입장도 반영해서 요구하라고 가르치는 것이다.

아이가 너무 뻔뻔하고 자기중심적으로 떼를 쓰면서 요구를 하게 되면 "엄마는 더 이상은 받아줄 수가 없구나. 떼를 쓰는 것보다는 말로 엄마를 설득하면 엄마가 들어줄게." 또는 "네가 원하는 것을 갖기 위해 무작정 떼를 쓰는 것보다 정 원하는 것이 있다면 공손하게 부탁하는 것을 습관으로 들여라"는 말을 하여 공손하게 부탁할 때까지 무시하여 본다.

적당한 부모의 무시는 아이가 '항상 제멋대로 할 수는 없다'는 것을 배우도록 하게 한다. 아이가 공손하게 부탁하는 태도를 가지면 부모는 아이의 행동의 변화에 칭찬을 해주어 아이가 공손하게 부탁하는 태도를 익히도록 한다.

아이: "엄마 저 동물원에 가고 싶어요. 같이 가 줄 수 있어요?"

엄마: "동물원에 가자고 공손하게 부탁하다니, 정말 감동했다. 하지만 지금은 엄마가 해야 할 일이 있어, 동물은 내일 보러 가자. 내일은 꼭 같이 가자꾸나. 기다려줄 수 있지."

이렇듯, 공손한 태도에 대한 칭찬을 하고, 태도에 대한 기쁨을 표현해 주면 아이들은 다음에도 자신의 욕구를 해결하는 방법을 투정으로 해야 하는 것이 아니라, 대화로 해야 한다는 것을 알게 되어 투정이 줄어들게 된다.

3. 다른 사람의 입장을 배려하도록 한다

투정하는 아이일수록 자기중심적인 사고를 하는 경우가 많다. 떼를 쓰는 아이들은 다른 사람의 감정을 거의 고려하지 않는다. 오로지 자신의 욕구를 채울 목적만 생각하기 때문이다. 따라서 투정하는 아이는 다른 사람의 감정을 배려하기 보다는 자신의 감정을 수용하도록 강요하게 된다. 이러한 아이에게는 투정을 할 때 자신의 입장보다는 상대방의 입장을 고려하는 것을 배우게 해야 한다. 아이들은 자신의 요구가 얼마나 다른 사람들에게 부담을 주는지를 모른다. 그러므로 다른 사람에 대한 배려에 관해 배울 필요가 있고, 다른 사람의 입장이 되어 그들의 감정을 느끼고 깨닫게 해준다.

다른 사람의 입장을 이해하기 위해서는 아이에게 역할을 바꾸어 보게 한다. 예를 들어 아이에게 자신의 욕구를 표현하게 할 때는 항상 남의 입장이 되어 보라고 권한다.

예 **엄마에게 맛있는 것을 먹으러 가자고 투정하는 경우**

"지금부터 네가 엄마라고 생각해봐. 나는 딸이라고 상상해봐."

"내가 너에게 맛있는 것 먹으러 가자고 마구 떼를 쓰면 너는 엄마 입장에서 나에게 뭐라고 할거니?"

"기분이 어떻겠니?"

"맛있는 것을 먹으러 갈거니?"

“아니면 혼내 줄거니?”

“네가 지금까지 떼를 썼을 때 엄마의 마음은 어떻겠니?”

**예 지금 아빠가 모처럼 쉬고 있는데 계속 나가서 놀이터에 가서 놀
자고 투정을 하고 있는 경우**

“지금 네가 하고 있는 투정을 버리고 아빠의 입장에서 생각해봐.”

“아빠가 일주일 내내 쉬지도 못하시다 모처럼 쉬고 계시는걸
알잖니. 그런데 방해하면 아빠가 좋아하시겠니?”

“그런데 아빠를 막 흔들어 깨우며 숙제를 도와달라고 떼쓴다면
아빠의 기분이 어떻겠니? 숙제를 도와달라고 부탁드릴 더 좋은
시간이 따로 있지 않겠니?”

이처럼, 다른 사람의 입장이 되어 보게 하여, 투정부리는 아이
의 나쁜 태도를 고칠 수 있다.

4. 동의를 이끌어 낸다

투정은 부모의 의사와는 상관 없이 아이의 일방적인 의사를 행동으로 표현하는 것이나, 동의는 아이의 행동에 대하여 부모가 인정해 주고 이해해 주는 것이다. 따라서 동의는 아이에게는 투정을 줄여주고 부모에게는 아이를 이해할 수 있는 계기를 만들어 준다. 동의를 이끌어 내는 것도 투정부리는 아이에 대한 대화법 중 하나이다. 동의는 아이의 욕구를 표현하는 행동이 합의에 의하여 이루어진다는 것을 가르치는 것으로부터 아이들이 어른이 될 때 지니길 원하는 품성을 가르치는 것으로 바꿔주기 때문이다. 그러므로 동의를 이끌어내고 유지하는 능력은 성공적인 어른이 되기 위한 가장 결정적인 요소 중의 하나이다.

그렇다면 우리는 어떻게 아이들에게 동의를 이끌어 낼 수 있을까?

예를 들어, 이런 상황에 아이의 감정을 생각해 보자.

"OO아! 엄마가 내일 놀이공원에 간다고 약속했던 거 기억하고 있지? 하지만 할머니가 아파서 가봐야 하기 때문에 내일은 시간을 낼 수가 없어. 그래서 놀이공원 가는 건 다음 주로 미루자. 괜찮지? 당장 우는 걸 멈추지 않으면 넌 앞으로 영영 놀이공원에는 못 가게 될 거야. 알았어?"

이렇게 말한다면 아이는 엄마의 입장을 이해하지도 못할 뿐더러 괜찮지도 않다. 다만 다른 행동을 하기에는 힘이 없을 뿐이다.

게다가 엄마가 약속을 깨버린 것에 대해 아이는 크게 실망하게 되고 그 감정을 우는 것으로 나타낸다면 더 화를 낼 것이고 상황은 더 나빠질 것이다.

이런 상황에서 엄마는 아이에게 어떻게 대화하면 좋을까? 약속을 지키지 못하게 되면, 우선 아이에게 양해를 구하는 합의가 필요할 것이다.

예컨대 이렇게 말할 수 있을 것이다.

엄마: 할머니가 아프다고 전화하셨어. 그래서 빨리 와주었으면 하셔. 하지만 이미 너와 놀이공원 가는 계획이 있어서 고민을 많이 했어. 왜냐하면 엄마는 약속을 했으면 그것을 지키기 위해서 최선의 노력을 다해야 한다고 믿기 때문이야. 너한테 놀이공원에

갈 거라고 말했었고 네가 그 약속이 지켜지길 바란다는 사실을 알고 있기 때문이야. 그렇지?

아이: 맞아요!

엄마: 그러나 지금은 할머니가 아파서 가봐야 하니 어떻게 하는 것이 좋겠니?

아이: 놀이공원에 갔으면 좋겠어요.

엄마: 물론 너와의 약속을 꼭 지키고 싶단다. 그러나 문제는 할머니를 찾아가서 도와드리지 못하면 큰일 날 수도 있단다. 그러니 네가 이번에는 이해를 해주고 다음 주에 놀이공원에 같이 가면 안 되겠니?

아이: 네 싫지만 그렇게 해요.

엄마: 고맙다. 내일 할머니에게 가서 네가 많이 걱정한다고 말씀드릴게.

이처럼 합의는 대화를 통해서 서로가 지킬 수 있는 것을 정해가는 것이다. 부모 입장에서 일일이 아이들에게 설득을 하기 위해 너무 자세하게 말하는 것은 아닐까라고 생각할 수 있지만 이렇게 말함으로써 아이는 어떤 일이 벌어졌는지를 알 수 있고 엄마가 약속을 깨는 것에 대해 미안하게 생각하고 있다는 것도 알 수 있다.

만약 아이가 우는 행동으로 반응하면, 아이가 얼마나 슬픈지 이해하며 엄마도 똑같이 슬프다는 사실을 알려준다. 그런 다음에 아이에게 선택의 기회를 주고 물음으로써 문제해결 과정에 아이를 참여시킬 수 있을 것이다.

엄마: 놀이공원에 가지 못하게 되었으니, 다음 주말엔 우리 더 멋지게 보내자. 뭘 하면 좋을까?

이것은 아이에게 약속의 소중함을 간직하게 해주는 동시에 다음의 사건으로 초점을 옮길 수 있는 기회를 제공한다. 결국 합의하기는 아이들과 갈등을 피하고 아이들을 우리가 원하는 대로 하도록 행동하게 하기 위해 선택과 약속의 개념을 결합시키는 것이다.

5. 투정을 무시한다

투정부리는 아이의 문제점을 해결하기 위해서 부모는 아이의 욕구가 무엇인지를 정확히 분석하고 그에 따라 대화를 통해 상대방의 입장을 이해시키고, 동의하게 하거나 합의를 이루어내야 해결할 수 있는 것이 많다. 실로 부모의 인내가 필요한 것이 아이들의 투정을 줄이거나 없애는 것이다.

그러나 때로는 부모의 각고의 노력에도 불구하고 결과는 더욱 나빠지는 것이 보통이다. 소위 부모와 자녀 간의 주도권 싸움이 이루어지기도 한다. 이런 경우 부모는 더욱 좌절하게 된다.

아이들의 강한 투정은 사랑스럽기만 하고, 모든 것을 시키는 대로 할 줄 알았던 아이들에 대한 배신감 마저 느껴지기도 한다. 투정이 깊어지면 아이는 자신이 대화의 주도권을 잡기 위해 나름대로의 방식으로 싸우고, 부모는 부모대로 부모의 권위를 주장하기 위해 서로가 수평선을 가게 된다. 중요한 사실은 그것이 누구에게도 도움이 되지 않고, 누가 이기든 중요하지 않는 지루한 소모성 싸움이라는 것이다.

결국 주도권을 잡기 위한 투정은 오랜 시간이 지나야 하는 것이므로 소모성 투쟁에 대해서는 일정 기간 무시하는 것도 필요하다. 사람은 누구든 말리는 일은 더 하고 싶지만 하라고 하는 일에 대해서는 오히려 흥미를 잃어버리고 하지 않게 되는 경우가 많다. 따라서 대화가 통하지 않는 아이들에게는 그들이 하고

자 하는 투정이 무엇이든 계속적으로 하게 함으로써 지루한 아이
와의 싸움에서 벗어나기도 하고 투정을 줄일 수 있는 방법이기도
하다.

예를 들어 만약 아이가 아이스크림을 먹고 싶다고 땅바닥에 누
워서 발을 구르면서 소리를 지르고 있다고 가정하자. 이때 부모
가 아이의 그러한 행동 때문에 당황해 하는 모습을 보인다면 그
것은 그러한 행동이 가지는 힘을 증대시켜 줄 뿐이다. 따라서 이
럴 때는 "더 이상 그러면 엄마는 무시할거니까~ 알아서 해"라는
경고를 하고 아이가 우는 것을 무시한다. 물론 이 과정에서 부모
의 마음은 찢어지게 아플 것이고, 사람이 많은 곳이라면 창피하
기까지 할 것이다.

그렇다고 해서 대충 말리다 보면 결국 아이는 지루한 싸움에서 이기게 되고 아이는 이러한 우승에 대해서 나중에도 투정을 심하게 하면 이길 수 있다는 생각을 갖게 된다. 그렇게 되면 이제 부모는 항상 아이들의 투정을 받아들여야만 한다.

따라서 아이들의 지나친 투정에 대해서는 무관심으로 일관하여 다시는 그런 투정을 해서는 얻는 결과는 아무것도 없다는 생각을 갖게 해야 한다. 그러려면 부모들은 공공장소에서라도 아이가 땅바닥에 누워 몸부림치더라도 참아야 한다. 이 말이 정말로 의미하는 바는 다른 사람들의 따가운 시선을 참고 견뎌야 한다는 점이다. 아이에게 그런 행동이 아무런 힘이 없다는 것을 확신시켜 주기 위해서이다. 그러면 아이들은 누군가 도와주지 않는다면 그러한 행동을 고수하지 못하게 되고 수정하게 된다.

6. 다정함으로 대한다

아이의 바람직하지 않은 투정을 해결할 때는 '다정함'과 '일관성'이 있어야 한다. 제일 중요한 것은 다정함이다. 즉 아이가 투정을 한다고 해서 짜증이 났다는 표정으로 아이에게 화를 내거나 잔소리를 하는 것은 아무 효과가 없다.

아이가 투정을 했다고 바로 아이에게 화를 내거나 손찌검을 하게 되면 아이는 더욱 큰 소리를 지르면서 울게 된다. 그리고 아이는 더 이상 부모 말에 귀 기울이지 않을 것이다.

또한 아이가 투정을 시작하게 되면 이미 아이는 감정적으로 격앙되어 있기 때문에 부모의 잔소리나 꼬치꼬치 따지는 것은 아무런 효과가 없다. 투정부리는 아이에게 왜 투정을 부리는지 꼬치꼬치 따지거나 잔소리를 하게 되면 아이들은 들어 주거나 대꾸를 하지 않기 때문에 오히려 부모만 지칠 뿐이다.

상점 안에서 장난감을 사달라고 누워서 발로 차면서 투정을 부리는 아이가 있다고 가정하자. 계속 울게 되면 다른 사람들에게 방해가 되니 아이를 데리고 밖으로 나온다. 필요하다면 아이의 두 손을 꽉 붙잡는다. 그러면 아이는 더 이상 울게 되면 분명히 무엇인가 불길한 결과가 있을 것이라는 생각을 가지게 되어 어떻게 할까를 고민하게 된다. 몇 분 지나면 대부분의 아이들은 조용해진다. 아이가 안정을 찾고 조용해지면 투정에 대해 의견을 말하도록 한다.

엄마: 네가 그렇게 바닥에 누워서 발로 차고 소리를 지르면 네가 원하는 것이 무엇인지를 모르겠어. 하고 싶은 것이 있으면 말로 해야 잖아. 소리를 지르면 무슨 말인지 엄마는 못 알아듣겠어. 그러니깐 조용히 얘기하렴. 엄마가 들어 줄게.

아이: (소리 지르면서) 장난감 사달라니까 왜 안 사줘!

엄마: 너무 커서 무슨 소리인지 잘 모르겠어. 조용히 말해봐.

아이: (조용히) 장난감 사달라니까요.

엄마: 응 장난감 사달라는 말이구나. 이렇게 엄마가 이해하기 쉽게 다음에는 원하는 것이 있으면 제발 조용히 말해. 그런 다음 네가 뭘 원하는지 얘기해 보자.

아이: 조용히 했으니깐 이제 장난감 사주세요. 네?

엄마: 오늘은 너에게 장난감을 사 줄 수가 없어. 오늘은 반찬거리를 사러 나왔잖니. 돈을 충분히 가지고 나오지 않았기 때문에 살 수가 없단다. 내일 올 때 꼭 사주도록 하마.

비록 원하는 장난감을 사주지는 않더라도 이렇게 말하면 부모가 그것을 진지하게 생각하고 있다는 사실을 알려주는 셈이다. 그런 후 관심을 가능한 빨리 다른 곳으로 돌려본다. 아니면 아이의 투정에 대한 요구를 들어줄 수 없을 때, 요구를 대신할 수 있는 대응 방안을 제시하여 물어 보는 것도 중요하다.

엄마: 네가 원하는 장난감은 매우 위험한데 이 장난감으로 사 주면 안될까? 네가 원하는 장난감은 너무 비싼데 엄마가 충분한 돈을 안가져 와서 그런데 조금 싼 것으로 하면 어떨까?

아이는 투정을 시작했지만 투정부리는 감정에서 벗어나고 싶어 한다. 이런 느낌이 들면 아이들을 다그치지 말고 아이를 꼭 안아 주고 여전히 사랑한다고 표현하는 것이 좋다.

아이: 싫지만 그냥 사줘. 다음에는 꼭 저걸로 사줘.

엄마: 네가 안정을 찾으니 기쁘구나. 엄마가 안아줄까?

투정으로 인해 벌을 주라는 것은 아니다. 자신의 욕구를 표현하는 방법을 가르치라는 것이다. 그리고 아이가 하기 싫어했던 일을 끝마치면 약간의 보상을 허락하는 방법도 효과적이다.

엄마: 네가 참으니까 엄마는 너무 좋은데 엄마가 아이스크림 사줄까?

"오늘 병원 가서 무사히 주사를 맞으면 점심에 네가 좋아하는 돈까스 사줄게."

이처럼 적절한 대응 방안을 찾고, 아이가 그 방안에 수락을 하게 되면, 그에 따른 적절한 보상을 해주는 것도 아이의 감정 형성에 매우 중요하다.

7. 긍정적인 말을 하라

아이들은 자신의 행동이 부모에게 지적을 받게 되면 자신이 부모의 기대를 채워주지 못하고 있다거나, 아니면 스스로 부족하고, 아직 미숙하다고 느끼게 된다. 이런 감정이 지속되면 아이들은 자신감을 잃게 되거나 좌절에 빠지기 쉽다. 부정적인 메시지에 따라 아이가 받게 될 느낌은 다음과 같다.

	부정적인 메시지의 사례	아이가 받는 느낌
강요, 지시, 명령하는 말	"야! 이것 좀 치워." "오늘 오후까지 반드시 이걸 다 해야 해."	저항감, 적개심 유발, 친밀감 상실
경고 위협하는 말	"내 말대로 하는 게 좋을 걸. 안 그러면, 너에게 별로 좋지 않을 거야." "너, 그 따위 행동 다시 한 번 해봐."	창피함, 당혹감, 저항감
당부, 설교, 도덕적 행동을 요구하는 말	"너도 이제 다 컸으니, 자기가 맡은 일은 스스로 해야지."	도전, 분노, 수치심, 모욕감
충고, 설득하는 말투	"그런 일은 부모와 의논해야 되는 거 아니야."	수치심, 모욕감
심리분석의 말투	"네가 그럼 그렇지. 그럴 줄 알았다니까." "너 지금까지 놀고 있었지", "집에서도 형편없지."	창피함, 수치심, 사기 저하, 모욕감
평가, 비판, 우롱하는 말투	"아직 많이 배워야겠구나", "그 정도밖에는 안되니?"	반항심, 자존심 손상, 자기비하적, 자신감 상실
둘러대거나 관심을 전환시키는 말투	"넌 몰라도 돼.", "그럴 일이 좀 있어."	불신감
비교하는 말투	"다른 사람은 잘하는데 왜 넌 그 모양이야."	수치심, 부끄러움, 시기심 유발

아이에게 주는 부정적인 대화는 아이의 기분을 상하게 할 뿐만 아니라 창피함, 수치심, 사기 저하, 당혹감, 심지어는 분노나 모

욕감까지 느낀다는 것이다. 결국 부모의 부정적인 대화는 자신의 잘못된 행동을 바로 잡으려는 노력으로 보지 않고 인격적 공격으로 받아들인다.

또한 비난하는 말과 같은 부정적인 말, 남들에게 상처 주는 말을 해도 무방하다는 그릇된 관념을 아이에게 심어주게 된다. 따라서 아이의 부정적인 면에만 너무 초점을 맞추어서 감정적인 표현을 해서는 안 된다. 따라서 비난하는 말보다는 긍정적인 방향을 제시하여 행동의 변화를 요구해야 한다.

존 그레이의 「화성남자와 금성여자의 아이를 현명하게 키우는 비결(2000)」에서 부정적인 메시지를 긍정적인 방향으로 제시하는 표현들을 알아보자.

부정적인 메시지	부정적인 지휘	긍정적인 지휘
여동생을 때리지 마라	네가 여동생을 때리지 않기를 바란다.	네가 여동생과 사이좋게 지내기를 바란다.
떠들지 마라	네가 떠들지 않기를 바란다.	네가 지금 조용하기를 바란다.
빈둥거리지 말고 방을 치워라	네가 빈둥거리지 말고 방을 치웠으면 한다.	네가 바로 지금 방을 치우기를 원한다.
그런 식으로 말하지 마라	네가 그런 식으로 말하지 않았으면 한다.	네가 좀 더 남을 존중하고 바른 말을 썼으면 한다.
지금 당장 웃옷을 입어라	네가 엄마한테 대들지 않았으면 좋겠다.	네가 엄마 말을 잘 따랐으면 한다. 웃옷을 입어라
엄마 말을 듣는 게 좋을 거다.	네가 카드놀이를 그만하고 이 닦으러 가기를 원한다.	네가 지금 바로 이 닦으러 가기를 원한다.

보는 바와 같이 부정적인 말은 협조가 아닌 저항을 불러일으키고, 아이의 사기를 떨어뜨려 바람직한 행동으로 이끌어 가지 못한다. 그와 반대로 긍정적이고 격려를 해주는 말은 매우 효과적이며, 아이의 기분을 좋게 만든다. 또한 아이에게 자신감과 자존감을 느끼게 하여 스스로 힘든 일과 문제를 해결하려는 마음이 들게 만든다.

8. 흥분하지 말고 차분하게 말하라

아이에게 행동의 변화를 지시할 때의 표현 못지않게 목소리 톤도 중요하다. 격앙된 목소리, 짜증이 섞였거나 화난 목소리로 말을 할 때 아이들은 자신의 행동이 잘못되었다고 느끼기 이전에 자신의 행동과는 관계없이 화를 내는 것으로 오해하기 쉽기 때문이다.

특히 아이의 잘못된 행동을 지적하고 훈계를 해야 할 때 가장 치명적인 것은 부모가 쉽게 흥분하거나 자신의 감정을 조절하지 못하는 경우다. 흥분 잘하는 부모일수록 아이들은 "또 시작이네 이번에는 몇분만 참으면 될까?", "어휴 지겨워 저 소리"라며 진저리를 친다. 오히려 이러한 대화에서는 아이가 차분히 들어 주는 것이 아니라 "내가 뭘 잘못했다고 그래요?", "왜 매일 소리 지르고 그래요?", "다른 애들도 다 그런단 말에요. 왜 나만 가지고 그래요?"라고 반항하는 경우도 발생하게 된다. 특히 남들 앞에서 아이를 지적하는 것은 더 큰 반항을 가져올 수 있으므로 아이의 상황을 배려하면서 주의를 주어야 한다.

아이들의 행동이 잘못되어서 대화의 주도권을 잡고 지적하고 싶다면 절대로 흥분하지 말아야 한다. 부모의 갑작스런 흥분은 아이에게도 적응이 되지 않아 충격을 주게 된다. 따라서 부모는 차분하게 자신의 감정을 잘 조절하며, 이성적인 판단을 흐리지 않도록 말해야 한다. 아이를 잘 타이르려면 먼저 부모가 차분하게 아이를 배려하는 투로 말하는 모범을 보여야 한다.

　주변에서 쉽게 일어날 수 있는 일을 예로 들어보자. 종종 식당을 가면 아이들과 함께 온 부모들이 있다. 식당에서 아이들은 아랑곳하지 않고 뛰어다니거나 장난을 치기 쉽다. 그러면 주변에 있는 손님들은 불쾌감을 느끼거나 부모를 탓하게 된다. 그러면 부모는 기겁을 하고 달려와 아이에게 "그게 무슨 짓이야? 왜 그렇게 정신 못차리는 거야?"라며 소리친다. 부모는 아이를 엄한 눈으로 쏘아보며, "또 한번 그러면 가만 안 둘거야 알았지?", "너 집에 가서 봐!"라고 말한다.

　이와 같은 상황에서 아이는 부모가 한 말의 의미를 자신이 식당을 뛰어다닌 것이 잘못되어 화났다는 사실을 알았을 뿐이다. 스스로의 잘못을 깨닫지 못한 아이는 그 행동을 되풀이할 것이고, 부모는 더 심하게 화를 낼 것이다.

　그러나 화가 엄청 나겠지만 최대한 부드럽게 "아저씨들이 불편해 하시잖아. 그리고 아빠는 그러다 넘어지면 많이 다칠까봐 걱정이 돼. 그러니 내 옆에 가만히 앉아 있는게 좋겠어"라고 말한다면 아이는 부모의 말을 부모의 태도나 감정이 아니라, 아이를 걱정하고 있다는 것을 알게 되어 스스로의 잘못을 깨닫게 된다.

　부모가 자녀의 행동을 지적하는 일은 부모나 아이 모두에게 부담되는 일이다. 부모는 아이에게 부정적인 이야기를 해야 한다는 부담감이 있고, 아이는 부모에게 잔소리를 듣게 되기 때문이다. 그러나 이러한 부담감 때문에 해야 할 지적을 하지 않는 것은 오히려 더 큰 문제를 가져온다. 그래서 하기는 해야 하지만 너무 자주하는 것은 좋지 않을 뿐더러 하더라도 한번에 효과를 봐야 한다. 그러기 위해서는 지적하는 부모의 말투에는 아이가 말을 들어야 한다는 단호하고 확고한 기대가 배어 있어야 한다. 또한 전달하는 최상의 방법은 목소리를 차분하게 하여 아이에게 하는 말이 진심이라는 것을 보여 주어야 한다.

9. 잔소리를 하지 말고 걱정하는 듯이 말하라

아이들은 부모가 자신의 마음을 알아주길 간절히 원하고 있다. 또한 부모는 아이들이 알아서 해주길 바란다. 그러다 보니 아이들과 부모는 항상 긴장과 대립이 보이기도 한다. 물론, 어느 집이든 아침저녁으로 아이와 사소한 일 때문에 실랑이를 벌이는 일이 한두 가지가 아니다.

"얘야 밥좀 빨리 먹어", "숙제는 했니?", "일찍 좀 일어나라", "왜 그것은 안 먹니?", "텔레비전 좀 그만 봐라", "게임은 그만 좀 해라", "나쁜 친구 사귀지 마라", "학교 끝나면 바로 와라" 등 해야 할 잔소리가 너무 많다. 그러나 아무리 잔소리를 해도 아이는 혼나기 싫어서라도 스스로 해야 할 텐데 아이의 행동은 좀처

럼 바뀌지 않는다. 부모는 그냥 내버려 둘 수 없어서 큰소리 치고, 매도 들어보지만 혹시 아이에게 좋지 않은 영향이 미치지 않을까 부모 마음은 애가 탄다. 그렇다면 아이 마음은 어떨까? 아이들은 부모의 잔소리를 너무나 싫어한다. 이때 아이에게 필요한 건 잔소리가 아니라, 부모의 격려와 도움이다.

엄마의 잔소리가 많아서 대화를 하지 않으려고 마음먹은 아이가 상담한 내용이다.

깜빡 잊고 아침에 엄마한테 얘기했어요. 친구를 만나러 가야 하기에 용돈 좀 달라고 하니까. 처음에는 "뭐 하러 가냐?"는 거예요. 그래서 친구를 만나러 간다고 하니까 "친구는 만나서 뭐하냐?"는 거예요. 그리고 용돈은 왜 벌써 다 썼냐는 거예요." 막 잔소리하고 그 얘기에 상관없는 뭐 예를 들면 "너희들 키우느라고 돈이 얼마나 많이 들어갔는 줄 알아?" 이런 식으로 얘기를 하는 거예요. 정말 짜증나요. 제 친구는 엄마한테 얘기하다가 엄마가 마구 화를 내고 잔소리를 심하게 해서 집에서 가출을 했대요.

잔소리가 심해지면 아이들은 부모님의 말씀이 옳은 줄 알면서도 새겨들으려 하지 않는다. 오히려 엄마가 잔소리를 시작하면 아이들은 입을 다물고, 귀와 마음까지 닫아버린다. 심하면 반대로 더 심하게 행동을 하던지 말대꾸까지 하게 되면 엄마의 마음은 더욱 아프게 된다.

잔소리를 하고 싶은 것은 부모의 마음이다. 그러나 잔소리를 듣는 아이의 마음은 어떨까? 왜 마음의 문을 닫을까? 아이는 엄마가 자기를 사랑하기 때문에 그런 말을 한다는 것을 알지만, 잔소리는 아이에게는 너무 많은 무리한 요구라는 인식을 가지기 쉽다. 몰라서 안하는 것이 아니라 재미없거나 필요성이 없다고 느끼기 때문이다. 실제로 잔소리는 자주 쓸데없이 자질구레한 말을 늘어놓음으로써 더 이상 들어야 할 필요성을 느끼지 못하게 만들기도 한다. 따라서 이제부터 잔소리의 내용을 바꿔보면 어떨까? 지금까지 자녀에게 "~해라" 또는 "~하지 마라"라고 하는 명령이나 경고 투의 잔소리를 해서 더 이상의 효과가 생기지 않았다면 대폭 대화방법을 수정해야 한다.

방청소를 안한 아이들에게는 "청소 안하면 가만두지 않을 거야"라고 하기 보다는 "네가 청소만 하면 우리 집안 식구들이 다 행복할거야", 주의가 산만하고 높은 곳에서 뛰어내리는 아이에게 "너 가만히 안 있어?"라고 하기 보다는 "네가 높은 곳에서 뛰어내리면 엄마는 네가 다칠까봐 너무 걱정이 된다. 그러니 남들을 위해서 가만히 좀 앉아 있으면 안되겠니?", 공부하지 않는 아이에게 "공부해라"라고 하기 보다는 "걱정마. 조금만 공부하면 넌 잘 될거야" 처럼 격려와 지지를 해주는 잔소리라면 어떨까?

10. 길게 말하지 말고 핵심만 말하라

아이가 부모의 말에 주의 깊게 집중해서 들어 주는 시간은 예상 외로 짧다. 일반적으로 3분이면 부모의 말에 대해서 아이들은 지루해 한다. 따라서 부모는 3분 안에 서론-본론-결론이 다 나와야 한다. 주어진 3분 안에 자녀와의 대화를 효율적으로 하기 위해서는 대화 내용의 핵심이 무엇인지, 그것을 이해시키기 위해 어떻게 표현하는 것이 좋은지를 알아야 한다.

아이에게 이야기 할 때 대화 내용의 핵심만 이야기하는 게 아니라 길게 뜸을 들이면서 대화를 한다면 듣는 아이는 매우 지겨워 할 것이고, 잔소리로 듣게 되어 오히려 역효과가 나기 쉽다.

부모도 길게 말하게 되면 자기가 이야기하는 것의 주제를 놓쳐 버릴 가능성이 높다. 내가 아는 어떤 분은 남매를 두었는데, 두 아이가 그렇게 자주 싸운다고 한다. 그런데 언젠가부터 엄마의 말 한마디면 투닥거리던 아이들이 저절로 싸움을 그치고 스스로 화를 푼다고 한다. 그 비결이 궁금해서 물어봤다.

이전까지 두 아이들이 싸우면 "왜! 싸우냐?"부터 "형제끼리 싸우면 안 된다"라는 일장 훈시까지 했다는 것이다. 그랬지만 아이들의 싸움은 멈추지 않았고, 큰 효과도 보지 못했다고 한다. 그래서 말하는 방법을 구구절절 자세하게 말한다고 해서 아이들이 반응하는 것이 아니라 핵심만 말하는 것이 좋겠다고 생각했다고 한다. 그래서 두 아이가 싸우면 딸아이에게는 "너, 내 아들 귀하니까 다치게 하지 마"라고 말하고 그리고 아들한테도 "너, 내 딸 괴롭히지 마. 예쁘게 키워야 하거든"이라고 말해 주었다. 그러면 두 아이 모두 웃음을 참지 못하고 화를 풀고 만다고 한다. 아이들은 말하고자 하는 내용이 무엇인지를 자세히 말하지 않아도 엄마가 무엇을 말하고자 하는지, 핵심 내용이 무엇인지를 파악한 것이다.

사람의 몸에도 급소가 있듯이 대화에도 급소가 있다. 화제의 급소를 알면 그 누구와 대화를 해도 자신 있게 할 수 있다. 즉, 이야기의 핵심에 제대로 접근하려면 결론부터 말하는 것이 좋다.

결론부터 말하게 되면 아이가 이야기의 핵심에 집중하게 되며 아이에게 자신감 있는 모습을 전달하게 된다. 아이에게 이야기할 때에도 마찬가지이다. 아이는 부모가 이야기하는 것을 보고 그대로 따라하는 성향이 강하다. 부모님이 화제의 핵심을 잘 이야기하고 그것을 설명해 주는 것을 자주 듣게 된다면 아이 자신도 그런 화법을 가지게 될 것이며, 따라서 자신감을 높이는데 기여할 것이다.

11. 상처를 주지 않으면서 지적한다

이야기를 하다 보면 아이를 비판하고 싶어질 때도 있지만 비판은 함부로 하기에는 부담스러운 대화이다. 부모의 진심어린 비판을 통해서 아이가 변화하기 때문이다. 그러나 비판은 아이가 열등한 위치에 있으며 자신의 일을 결정하는데 능력이 없다는 의미가 포함된다. 따라서 비판을 너무 쉽게 해버리면 아이는 자신의 무능력을 거론한 것 같아서 매우 불쾌해질 수 있다. 따라서 비판은 웬만하면 하지 않는 것이 좋다. 그러나 비판도 사람을 변하게 하는 칭찬만큼 중요한 기술이므로 잘만 사용하면 좋은 효과를 볼 수 있다.

아이가 아프지 않게 비판을 하려면 갑자기 비판을 하기 보다는 비판을 하기 전에 미리 비판의 방법이나 비판의 강도를 결정해야 한다. 만약 비판을 바로 하게 되거나 상황을 고려하지 않고 하게 되면 오히려 반발하게 된다. 따라서 효과적으로 비판을 하고 싶다면 아이의 상황을 예측하여 적절한 때와 장소를 미리 예고하고 개인적으로 비판하는 것이 좋다. 예를 들어 갑자기 여러 사람 앞에서 비판하게 되면 아이가 충격을 받거나 심하게 반발할 수 있다.

비판할 것이 있으면 둘러 대기보다는 구체적으로 비판하는 것이 좋다.

예를 들어 “너는 항상 왜 그러니.”라는 말보다는

“너는 엄마를 도와주기 위해 방청소 좀 하면 안되니?”라고 구체적으로 말해주면 아이는 비판이라고 듣기보다 격려하는 말로 들을 수 있다. 그리고 비판은 진지한 태도로 하되 너무 자주하거나 길게 비판하면 잔소리같이 들려서 오히려 효과가 떨어진다. 또한 비판을 할 때는 부정적인 단어는 피하고, 야단하거나 질책하지 말고, 객관적이고, 건설적으로 표현하는 것이 좋다

[예] × “미쳤어.” “융통성이 없어.” “못된 놈.” “제 멋대로야.” “꽉 막혔어.” “틀려먹었어.”

○ “넌 다른 일은 잘하는데 청소만 하면 더 멋있는 사람이 될거야.”

아이가 부담 없이 비판을 받아들이게 하려면 우선 아이에 대한 부모의 주관적인 정보보다는 객관적인 정보를 제공해야 한다. 아이는 객관적인 정보를 많이 제공할수록 자신의 잘못을 수정할 의사를 가지나 주관적인 정보를 제공할수록 반발을 하게 된다.

비판은 단순히 아이의 결함이나 잘못을 타이르는 것보다는 아이 자신이 부모가 제공한 정보를 바탕으로 스스로 판단할 수 있도록 해야 한다. 정보의 제공은 ‘부모 자신이 결정할 수 있도록 어떤 사실에 대해서’ 지식을 제공해 주는 것임에 비해 비판은 아이 스스로가 의사결정을 하는데 오히려 방해가 되는 것이다.

예 × "넌 시간관념이 없어. 그러니 고쳐야지 않겠어?"

　　○ "성공한 사람들은 시간 약속을 잘 지켰어. 너도 시간 약속을
　　　 잘 지키려는 노력을 하면 어떨까?"

비판을 할 때는 어떤 행동에 대하여 바로 직접적인 표현을 하게 되면 아이는 자기 행동에 대하여 잘못을 인정하기 보다는 부모가 야속하다고 생각할 수 있다. 따라서 어느 정도 시간이 지나거나 간접적인 표현을 하는 것이 좋다.

예 × "넌 너무 성급한 것이 탈이야 바로 고칠 수 있지?"

　　○ "옆집 철수 알지. 너무 성급해서 항상 실수를 한데. 그래서
　　　 부모들이 마음이 많이 아픈가봐."

비판을 할 때는 문제 행동을 바로 말하지 말고 긍정적인 부분들을 칭찬하고 마지막에 비판을 하는 것이 좋다.

예 × "너는 친구들에게 말을 함부로 하는 경향이 있어. 고쳐봐!"

　　○ "너는 친구들을 아주 편하게 하는 재주를 가지고 있어.
　　　 그런데 말을 조금 생각하면서 하면 더욱 많은 친구들이
　　　 좋아할 거 같아."

강요나 지시하는 말보다는 선택할 수 있는 기회를 주는 것이

좋다.

　　예　× "이렇게 해." "이렇게 하는 것이 더 좋겠어."
　　　　○ "이런 것도 있고, 저런 것도 있는데 어떤 것이 더 좋니?
　　　　　엄마가 보면 이런 것이 더 좋은 것 같아."

　　기펜레이테르 박사는 아이와 대화를 나눌 때는 어른의 언어가 아니라 아이의 언어로 이야기해야 한다고 충고하고 있다. 물론 아이의 언어로 이야기를 한다는 것이 말처럼 쉬운 일이 아니다. 아이의 언어를 배우는 것은 외국어 하나를 새롭게 배우는 것처럼 신기하고도 고된 일이다. 하지만 우리가 꼭 해야 하는 일이다. 내가 사랑하는 아이, 우리 사회에서 살아갈 아이, 이 아이들에게 대화법을 통해 변화시키는 것은 고되지만 중요한 일이다.

　　아이는 부모와의 대화를 통해 세상사는 방법을 배운다. 아이는 부모와의 대화를 통해 자신의 목표를 결정하고 자신이 살아가야 할 미래를 개척한다. 부모는 아이에게 가장 가까운 사람이며 선생이고, 교과서이며 거울이고, 자연이며 세상의 전부다. 그러므로 아이와의 대화는 아이의 꿈을 키우는데 매우 중요하다. 매우 중요하기 때문에 그것은 때로 매우 위험한 일이 될 수도 있다.

Part 7

공감하는 말·
공감하는 대화법

1. 적극적으로 들어준다

아이들과 공감하는 방법의 첫 번째 요소는 무엇보다 잘 듣는 것이다. 누군가의 이야기를 잘 들어준다는 것은 있는 그대로 받아들인다는 수용의 상태를 표현해 주는 것이다. 아이는 자신의 있는 그대로를 부모가 진심으로 받아들이고 있다고 느낄 때, 심리적으로 안정감을 느끼게 되고 성장하고 노력하고자 하는 의욕을 갖게 된다. 대부분의 부모들은 자녀를 양육함에 있어서 잘못된 것을 지적하고 올바른 방법을 이야기해주는 것이 최선의 방법이라고 생각할 수 있다. 그래서 들으려고 하기보다는 잘못을 지적하고 해결방법을 알려주는 것에 관심이 많다. 그러나 이보다

더 중요한 것은 적극적으로 들어주는 것이다.

적극적인 듣기는 자녀가 말하는 동안 눈을 마주치고 진지하게 들으며 대화에 반응하는 것을 말한다. 예를 들어 대화에 반응하는 태도로 "아, 그랬니.", "참 안됐구나." 등이 있다. 모든 부모는 말을 할 때 아이가 귀 기울여 들어주기를 바란다. 아이 역시 마찬가지이다. 아이가 하는 말이 쓸데없고 불필요하다고 생각되어지더라도 열심히 들어주도록 해야 한다. 적극적으로 들어주는 방법은 다음과 같다.

첫째, 부드럽고 부담 없는 시선으로 대화한다. 아이가 하는 말에 대해 집중하고 있다는 표현을 하기 위해서 부모는 부드럽고 부담 없는 시선으로 아이를 응시하면서 상체를 아이 쪽으로 약간 기울인다. 그리고 인정한다는 의미로 고개를 끄덕인다. 시선을 외면하거나 뒤로 젖혀진 자세는 아이에게 거부감과 무시당하고 있다는 기분을 줄 수 있다.

둘째, 의문점이 있으면 바로 질문한다. 부모는 자식을 다 안다고 생각하여 지레짐작으로 판단하고 말하는 경우가 많다. 그러나 지레짐작을 하게 되면 아이들은 더욱 위축되어 마음을 열지 않게 되므로 미리 판단하지 말고 확실하게 파악하려고 노력한다는 모습을 보인다. 그래야 자기 말에 관심을 가지고 있다는 것을 아이가 알고, 공감수준도 넓어진다.

셋째, 선입관과 편견에서 벗어난다. 부모는 자식을 잘 안다고 생각해서 자녀의 과거 또는 현재의 생활 모습을 가지고 말을 하려고 한다. 그러면 자신이 성장하는 것을 인정해주지 않기 때문에 자녀들은 숨이 막혀 한다. 자녀의 마음의 문을 열기 위해서는 지금까지 가진 선입관을 가지지 말고 지금 현재의 아이를 보려고 노력해야 한다. 자녀의 결점, 문제점보다는 감춰진 장점, 잠재력을 찾으며 듣는다.

넷째, 아이가 대화를 통해 진정으로 얻고자 하는 것이 무엇인지 파악한다. 부모는 자신이 왜 아이와 대화를 하고 있는지 늘 염두에 두고 감정에 휩싸이는 일이 없도록 해야 한다. 그리고 일단 감정에 휩싸이지 말고 냉정히 생각하도록 한다. 또한 대화가 옆으로 흐를 경우 그 원인을 파악해야 한다. 부모는 아이와의 대화에서 아이에게 이기려고 하지 말고, 아이에게 보복하려고 하지 말아야 하며 대화를 회피하고 도중에 도망치려고 해서도 안 된다.

자녀의 이야기를 비판 없이 잘 듣는 그 자체가 자녀의 마음을 열게 하여 자신의 느낌이나 문제를 털어놓게 하는 힘을 가지고 있다. 예를 들어 심리치료나 상담과정에서 이들은 상담자의 이야기를 듣는 과정을 중시하며 그들 자신의 판단을 전적으로 배제한다. 이것은 무엇을 의미하는 것일까? 말하자면 무조건적인 수용이 우선적으로 자신의 마음을 열게 하는 기초가 된다는 것이다. 자신이 하고자 하는 말을 하고 나면 마음이 편안해지고 이야기를 하면서 스스로 문제를 해결해 갈 수 있는 자신감도 가지게 할 수 있다.

2. 좋은 대화 상대가 되어준다

부모가 훌륭한 대화 상대가 되려면 아이의 마음을 짐작할 수 있어야
한다. 좋은 말은 더 기분 좋게, 부담스러운 내용이라도 실망이나 다툼
보다는 상호 이해에 이를 수 있도록 부드럽게 처리하는 요령이 필요
하다. 성의 있고 진실한 자세, 아이에 대한 세심한 관찰, 긍정과 공감
에 초점을 둔 대화 기법이 안정감 있는 인간관계를 보장한다. 아이에
게 좋은 대화 상대가 되어 주는 방법은 다음과 같다.

첫째, 아이의 말에 격려해 준다. 부모의 격려는 자녀에게 "나는
할 수 있다." 라는 생각을 가지게 한다. 혼자 할 수 있는 일도 부
모가 해주거나 최선을 다한 일에 대하여 비난을 받게 되면 자신

감을 잃어버리게 되고 공격적인 성향을 가지게 된다.

우리는 흔히 "너는 착한 아이다.", "너는 참 예쁘게 생겼구나" 등 외모나 성격에 대하여 칭찬하는 경우가 많이 있다. 그러나 이러한 칭찬은 오히려 부담을 느끼거나 허영심을 가지게 할 뿐 바람직한 태도를 길러주는데 도움이 되지 않는다. 따라서 자녀가 무엇을 하려고 노력하고 있으며 그 과정에서 얼마나 최선을 다하고 있는지를 격려해주는 것이 중요하다.

예를 들어 자녀가 자기 방을 깨끗이 정리했을 때 얼마나 힘들여서 했는지 그리고 얼마나 보기 좋아졌는지는 이야기해 줄 수 있지만 "너는 정말 부지런하고 착한 아이다." 라고 말하는 것은 바람직하지 않다는 것이다. 즉, 직선적인 칭찬은 태양의 직사광선같이 부담스러울 수 있다는 것이다. 이에 비해 격려는 자신이 노력하고 애를 쓴 과정을 지지하기 때문에 자신의 가능성을 신뢰할 수 있게 된다.

둘째, 칭찬을 아끼지 않는다. 사람은 자신을 칭찬하는 사람을 좋아하게 된다. 그러므로 아이를 칭찬하는 것은 곧 나를 칭찬하는 일과 같다. 누구라도 한두 가지 장점은 있게 마련이다. 그것을 발견해 진심어린 말로 용기를 북돋워 준다. 그렇다고 거짓 찬사를 늘어놓는 것은 사이를 더 뒤틀리게 할 뿐이다. 아첨인지 칭찬인지는 듣는 사람이 더 빨리 파악한다. 또 한 가지, 심리학자 아른손의 연구에 의하면 사람들은 비난을 듣다 나중에 칭찬을 받게 됐을 때 계속 칭찬을 들어온 것보다 더 큰 호감을 느낀다고 한다.

셋째, 대화의 룰을 지킨다. 좋은 대화에는 일정한 규칙이 있다. 아이의 말을 가로막지 않으며, 혼자서 대화를 독점하는 것은 좋지 않다. 부모가 자신의 의견을 제시할 때는 반론의 기회를 준다. 또한 부모 임의로 화제를 바꾸지 않도록 한다.

넷째, 완전한 문장을 말한다. 축약된 말은 아이의 의사소통의 정확성에 혼선을 가져온다. 그러므로 부모는 바른 말로 이루어진 완전한 문장으로 대화를 이끌도록 한다.

3. 아이의 입장에서 이해하려고 한다

아이들의 행동을 어른들의 입장에서 생각하고 받아들이지 말고 우선 아이의 입장에서 생각해 보도록 한다. 자녀와 부모 간의 대화에서 부모는 항상 훈계하려 하고 자녀는 변명하려는 입장을 가지고 있다. 따라서 아이는 부모와 처지가 다르기 때문에 부모의 입장에서 생각이 틀리더라도 아이의 입장에서 그럴 수밖에 없는 이유를 찾으면 대화가 부드럽게 진행될 수 있다.

아이의 입장에서 대화할 때 다음과 같은 대화는 하지 말아야 한다.

먼저, 훈계하거나 설명하는 말을 하지 않는다.

아무리 어린 아이라도 자신의 결점을 들추어내며 고치라고 명령한다면 그러한 명령을 기쁘게 받아들여 실천할 수 있는 아이가 있을까를 한번 생각해 보자. 이런 경우는 성인들이라도 심적으로 "웬 참견이람?" 하고 생각할 것이다. 그 훈계나 설교가 옳다고 생각되어도 남의 충고를 듣는다는 것, 더구나 명령조의 충고를 듣는다는 것이 그렇게 즐겁지는 않을 것이다. 아래와 같은 말투는 아이들에게 좋지 못한 영향을 끼치게 한다.

① 강요하고 지시하고 명령하는 말투

강요하고 지시하고 명령하는 말투를 지속적으로 하게 되면 아이는 자신의 무능력을 깨닫게 되고, 행동을 수정하기 보다는 반항적이 되기 쉽다.

예 "방 좀 치워라."

"오늘 오후까지 반드시 이걸 다 해야 해."

"심부름 좀 갖다 와라."

"밥 먹을 때는 떠들지 마라."

② 경고하고 위협하는 말투

경고하고 위협하는 말투는 명령하는 말투가 효과를 얻지 못했을 때보다 강력하게 의사를 표현하는 방식이다. 이런 말투는 부모에 대한 저항감, 적개심을 갖게 하고 친밀감을 상실케 한다.

예 "너, 내 말대로 하는 게 좋을 걸. 만약 그렇지 않으면, 너에게 별로 좋지 않을 거야."

③ 당부하거나 설교하고 도덕적 행동을 요구하는 말투

당부하고 설교하고 도덕적 행동을 요구하는 말투는 부모가 항상 하는 소리라고 생각하여 한 귀로 듣고 한 귀로 흘리게 된다.

예 "너도 이제 다 컸으니, 자기가 해야 할 일은 스스로 해야지."
"사람은 항상 바르게 살아야 해."

④ 충고하거나 이론적으로 설득하는 말투

충고하거나 이론적으로 설득하는 말투를 들은 아이는 자신의 무능력을 깨닫게 되어 자신감을 상실할 수 있다.

예 "그런 일은 부모와 의논해야 되는 거야."

“그렇게 하면 나중에 거지되는 거 알어?”

⑤ 평가 · 비판 · 우롱하는 말투

평가 · 비판 · 우롱하는 말투를 들은 아이는 반항하거나 자존심이 상하기 쉽고, 심하면 자기 비하적이며 자기 조소적으로 들려 자신감을 상실할 수 있다.

［예］ “너 철들려면 아직도 멀었구나?”

“너는 그렇게 해가지고는 밥 먹기도 힘들다.”

⑥ 탐색 질문 및 심리분석의 말투

탐색 질문 및 심리분석의 말투는 부모의 해석과 심리분석이 옳은 경우, 아이는 당황하게 되고 수치감을 갖게 되며, 옳지 않은 경우는, 부모와 대화하고 싶은 의욕을 상실하게 만든다.

［예］ “너 나에게 숨기는 것 있지?”

“바른 대로 말해 너 OO했지?”

“사실대로 말해. 시험 못보았지?”

⑦ 둘러대거나 관심을 전환시키는 말투

둘러대거나 관심을 전환시키는 말투는 부모가 곤란한 상태를 모면하려고 거짓말을 하거나, 거짓 약속을 하면서 둘러대어 하는 말이다. 이런 말투는 아이에게 불신감을 갖게 하기 쉽다.

［예］ “그럴 일이 좀 있어.”

“넌 아직 알 필요가 없어.”

⑧ 비교하기

비교하기는 자녀와 다른 사람들과 비교함으로 인해, 아이로 하여금 수치심, 부끄러움, 시기심 등을 불러일으키게 하는 말투다.

예 “내 친구들은 저렇게 잘하는데, 너는 그 사람들 반만이라도 나에게 해봐라.”

“OO은 공부도 잘하는데, 넌 왜 그 모양이니?”

이처럼 훈계하거나 설명하려는 말투는 아이들에게 비교육적이 되며 오히려 역효과가 나기 쉽다. 따라서 아이들의 입장에서 대화를 진행하려면 먼저 아이를 하나의 인격체로 대우해 준다. 아이라고 해서 사람이 아닌 것은 아니기 때문이다. 아이 역시 하나의 인격체이니 무작정 무시하는 태도를 취해서는 안 된다.

또한 아이들의 세계를 인정해 준다. 어른들에게는 어른들의 세계가 존재하듯이 아이들에게는 아이들만의 세계가 존재한다. 그러므로 아이들의 세계를 인정해 주고 같이 공감해 주도록 한다.

마지막으로 자녀에게 사랑스러운 스킨십을 해준다. 자녀와의 사랑스러운 스킨십을 통해서 아이들에게 부모가 자녀를 진심으로 사랑하고 있다는 신뢰감을 주도록 한다. 어릴 때 스킨십을 많이 받고 자란 아이일수록 따뜻한 마음을 갖는 성인으로 성장할 경우가 높기 때문이다.

4. 아이와 즐거운 시간을 함께 갖는다

아이의 정서지능을 높이려면 우선 함께 이야기할 수 있는 즐거운 분위기를 가져야 한다. 함께 있어도 기분이 좋아야 대화가 이루어지기 때문이다. 가족이 함께 있으면 참 좋다는 느낌을 가지게 한다면 그것은 최고의 즐거운 분위기가 된다.

그러나 즐거운 시간을 함께 보내는데 있어서 중요한 것은 시간적인 양이 아니라 질이다. 이렇듯 즐거운 시간을 가지려면 계획이 필요하다. 그러므로 매일 부모도 즐기고 자녀도 즐길 수 있는 일을 잠깐 동안이라도 함께하면서 즐거운 시간을 보내도록 해야 한다. 가족 전체가 즐거운 분위기를 가질 수 있는 것이 바로 가족 여행이다. 여행은 건물이 빽빽하게 들어서 있는 도시에서 살고 있는 아이들에게 자연과 접촉할 수 있는 특별한 기회를 줄 수 있다. 즉 대중매체와 인터넷 게임에 중독되어 있는 아이들에게 자연과 친해질 수 있는 기회를 제공해 주어 컴퓨터에서 멀어질 수 있도록 도와준다.

그러나 어느 한쪽이라도 강제로 가족 여행에 같이 가기를 요구한다면 흥미는 사라지게 된다는 점을 명심해야 한다. 부모는 자녀들과 함께 어디를 가고 싶어 하지만 자녀들은 전혀 부모의 기대를 충족시켜 주지 않는 것은 자녀들에게 흥미가 없기 때문이다. 따라서 자녀들의 자발적인 참여를 유도하지 않고 강제로 데려간다면 오히려 분위기는 즐거운 분위기보다는 내내 짜증을 내는 분위기가 될 수 있다.

만일 가족 모두 함께하는 시간을 마련하기가 어렵다면 어머니와 아버지가 교대로 각기 자녀와 즐거운 시간을 보낼 수 있도록 계획할 수 있다. 또한 잠자리에 들기 바로 전과 같은 시간은 함께 지낼 수 있는 좋은 시간이 된다. 중요한 것은 부모와 자녀가 함께 즐거운 시간을 가지려고 계획하고 노력해야 한다는 점을 자녀들이 알게 된다.

그러나 환경만 즐거운 분위기가 되어서는 부족하고 부모들이 아이들에게 따뜻한 부모가 되는 것도 자녀의 마음을 여는 중요한 요인이 된다. 가난한 아이들과 평생 살다간 돈 보스꼬 신부는 "젊은이들을 사랑하는 것만으로는 부족합니다. 그들이 사랑받고 있다는 것을 느끼게 해야 합니다."라고 하였다. 이처럼 사람은 누군가에게 사랑받고 싶어하고 또 이해받고 싶어한다. 특히 아이는 부모로부터 소중하게 대우받고 사랑받고 싶어한다. 따라서 아이는 부모의 따뜻한 사랑을 느낄 때 삶에 대한 의욕이 생기고 삶의 기쁨도 누리게 된다.

가령, 늦게 들어온 자녀를 "왜 늦게 들어 왔어?", "너 컸다고 정말 이럴거야" 하고 무작정 혼내면 잘못했다는 생각보다는 반항하기 쉽지만, "왜 이렇게 늦었어. 엄마는 네가 큰일이라도 난 줄 알고 마음을 졸였잖아. 어디 다친 데는 없니?"라며 마음 졸이며 무사히 돌아오기를 간절히 기도하는 마음을 표현하게 되면 자녀들은 감동을 받게 된다. 이처럼 자녀의 같은 행동일지라도 부모의 표현에 따라 그 말을 듣는 자녀들은 각각 다르게 받아들이게 된다. 어떤 표현은 반발심을 일으키게 하고 어떤 표현은 자신의 잘못을 깨달아 자신의 행동을 수정해야겠다는 생각의 변화를 갖게 한다.

5. 아이와 함께한다는 인식을 심어주어라

갓난아기 때에는 모든 것을 부모에게 의존하였다. 그러나 아이들이 점차 커지면서 부모의 일부가 아닌 독립된 삶과 개성을 가진 존재로 인정받기를 원한다. 따라서 품안에 있던 자식 생각만으로 자녀들을 구속하려고 하면 자녀들은 반발하게 된다. 따라서 자녀들의 마음을 열려면 부모는 자녀를 객관적으로 바라보아야 좋은 조언자가 될 수 있다. 부모는 아이와 '함께' 있어야 하지만 아이와 '하나'가 되어서는 안 된다. 즉 자녀의 문제는 자녀가 해결하도록 지켜봐 주어야 하고 부모가 주도해 고민을 풀려고 해서는 안 된다. 아이들이 문제에 봉착해서 더 이상 해결할 기미가 보이지 않는다면 그때는 부모들에게 도움을 청하지 않더라도 나서야 한다. 따라서 부모는 자녀들에게 당장은 보이지 않지만 항상 든든한 후원자라는 믿음을 주면 자녀들은 부모에게 마음의 문을 열게 된다.

그러나 일반적으로 유아기 때까지는 육아나 교육에 대해 신경 쓰다가 점점 사회생활에 바빠지다 보니 자녀들과 많은 대화를 못하게 되고 결국에는 거리감이 생기게 되는 경우가 많다. 부모가 어느 정도 여유가 생기면 자녀들을 돌아보게 되는데 그때는 너무 거리가 멀어져 있는 경우가 많다.

자녀의 마음을 여는 것은 어릴수록 좋으나 나이가 먹었다고 해서 열지 못하는 것은 아니다. 단지 자녀의 나이가 많을수록 자녀의 마음을 열기 위해서는 시간과 노력을 더욱 많이 들여야 한다는 것이다.

어느 집안에서 아빠가 직장을 그만 두고 새로운 사업을 시작하면서 중학교 다니는 딸과 대화를 해보려고 했지만 너무 오랫동안 대화를 하지 않았기에 딸은 쉽게 마음의 문을 열지 않았다. 그러나 아버지는 딸과 대화를 하기 위해 갖은 노력을 다했다. 처음에는 대화의 문이 열리지 않았으나 아빠는 딸이 듣던 말던 오픈한 사업이나 어려웠던 사회생활에 대해서도 이야기해주고 하니 아빠가 인간적이고 가깝게 느껴지기 시작하였다.

또 아빠는 딸의 입장을 이해하기 위해서 "공부는 잘하냐?", "나쁜 친구는 사귀지 않지?" 하는 식의 부담을 주는 대화는 절대 하지 않고 그냥 "요즈음 힘들지?", "많이 이뻐졌구나?" 하면서 대화를 시작하였다. 딸은 부담을 갖지 않고 자신에 대해서 관심을 가져주는 아빠를 위해서 자신의 생활을 이야기하기 시작하였다.

아빠는 퇴근하면서 딸을 위해 피자를 사가지고 오거나, 머리핀 같이 작은 선물들을 하나씩 사가지고 돌아왔다. 그랬더니 딸은 아빠가 오기를 기다리면서 아빠가 돌아오면 반갑게 맞아주고, 아빠가 대화를 시작하면 아빠의 눈을 마주치고, 고개를 끄덕이며 질문하기까지 하였다.

이처럼 아빠가 딸을 지극하게 사랑하고 있다는 느낌을 받도록 노력한 결과 딸은 마음의 문을 열고 아빠를 좋아하게 되었다.

6. 있는 그대로의 모습을 받아들여라

아이들은 부모에게는 고민을 이야기하지 않으면서 선생님이나 친구 또는 상담가에게는 고민을 털어놓는다. 이유가 무엇일까? 부모는 아이들을 어린애로 취급하여 자녀의 인격을 무시하는 경우가 종종 있기 때문이다. 그래서 부모와는 고민을 나누려고 하지 않는다. 부모에게 무얼 물어 보려고 해도 "네 까짓게 뭘 알아", "그런 것을 뭐하려 알려고 해"라는 말을 몇 번 듣게 되면 결국 아이와 부모 간에는 대화가 단절될 수밖에 없기 때문이다.

그러나 선생님이나 친구 또는 상담가에게 고민을 털어놓는 이유는 선생님이나 친구는 자신의 문제를 진심으로 이해해 준다고 생각하고 있기 때문이다. 또한 상담가는 전문가이기 때문에 자신을 충분히 이해해 준다고 느끼기 때문이다. 이처럼 아이들은 자기 자신이 다른 사람에게 진심으로 받아들여진다고 생각되면 매사에 더 잘하려 노력하게 된다.

부모도 아이들을 있는 그대로 받아들여 하나의 인격체로 인정하면서 진심으로 걱정하고 있는 느낌을 전달하면 아이들은 마음의 문을 열게 될 것이다. 예를 들면 아이가 다쳐서 울음을 터뜨릴 때 "뚝 그쳐! 울면 바보야!"라고 어린아이처럼 달랬을 때보다는 "많이 아프겠다."라며 아이를 하나의 인격체로 대하면서 아이의 아픔을 내 아픔처럼 알아주었을 때 더 빨리 울음을 그치게 된다고 한다. 부모와 자녀 간의 대화에서 자녀를 있는 그대로 인정하는 것이 얼마나 중요한가를 알려주는 사례가 있다.

(잘못된 예)

자녀: (엄마에게 전화해서 울고 있었다.)

엄마: "왜 우니?"

자녀: "넘어졌어요. 아파서 전화했어요."

엄마: "왜 그런 거 가지고 바쁜 엄마한테 전화했니? 양호실에 가봐!"

자녀: "양호실 가는 거 누가 몰라요. 알았다니까?"

(좋은 예)

자녀: (엄마에게 전화해서 울고 있었다.)

엄마: "왜 우니?"

자녀: "넘어졌어요. 아파서 전화했어요."

엄마: "많이 아프겠구나. 엄마가 많이 걱정되는데 지금은 가기 어렵고 학교 끝나고 집에 오면 같이 병원에 가보자."

자녀: "괜찮아요. 그냥 긁힌 것뿐인데요. 걱정하지 마세요."

이처럼 아이의 입장을 이해하는 대화를 하게 되면 의외로 해결 방법은 자녀 스스로 찾을 수 있는 것이 많다. 따라서 부모는 자녀의 말에 대해 같이 고민하고 동정하는 자세를 가지고 인내를 한다면 자녀의 마음을 열 수 있다.

　만약 직장의 위기가 닥친 아버지에게 자녀가 말을 걸어 "아빠! 요즘 무슨 일이 있으세요?"라고 물으면 "너는 몰라도 돼"라고 말하는 것보다는 자녀가 필요한 만큼은 알려주어 동참하게 해주는 것이 더 좋을 것이다. 이처럼 자녀를 하나의 인격체로 존중해 주면서 자녀가 말하는 것을 귀담아 들으면 자녀는 마음의 문을 열고 진지하게 대화에 응하게 될 것이다.

7. 아이의 말 속에 숨은 마음을 찾자

부모가 아이를 사랑하면서도 아이를 힘들게 하는 가장 큰 이유는 아이의 마음을 잘 모르기 때문이다. 어린아이들은 부모가 자신에게 어떤 말을 많이 하는지 또 어떤 감정으로 자신을 대해 주는지에 따라 자신을 좋은 사람으로 생각할 수도 있고, 쓸모없거나 하찮은 사람으로 느낄 수도 있다.

아이들은 대화 속에서 자신이 불리한 상황에 놓이거나, 어려움에 처할 경우 잘못된 사실을 말하거나 자신의 말 속에 숨은 뜻을 가지고 있는 경우가 많다. 하지만 어른들은 아이들의 이러한 심리 상태를 이해하지 못하는 경우가 많고, 아이들이 말하는 것 그대로를 아이들이 느끼는 것이라고 생각해 버리는 경우가 많다.

극단적인 예를 들자면 성폭행을 당한 아이가 가해자의 처벌을 위하여 조사를 받을 경우, 불안한 상황 속에서 자신의 입장을 이야기해야 하는 상황이 반복되면서 사실에 대하여 번복하거나 자꾸만 다른 말들을 이끌어 내는 경우가 있어 증거 불충분의 이유로 가해자 처벌이 어려운 경우가 많이 발생한다고 한다. 이렇듯 아이들은 자신이 말에 숨은 뜻을 내포할 경우가 많다. 아이들이 순간적으로 내뱉는 하는 말에도 다 의미가 있는 것이다. 아이의 말이라고 그냥 넘겨버릴 것이 아니라 왜 그런 말을 했는지 생각해 보아야 한다. 문제가 생겼을 때 도와달라고 표현하는 것일 수도 있고, 보고, 듣고, 느끼고, 생각하고, 경험한 것을 온몸으로 받아들여 거르고, 다듬어서 소리로 나온 것이며, 엄마와의 유대감을 느끼고 싶어하기 때문이다.

이처럼 아이가 표현한 대화의 내면을 정확히 파악하는데 도움이 되는 것이 바로 아이의 비언어적인 행위를 분석하는 것이다. 비언어적 행위는 언어 외에 모든 물리적 방법의 커뮤니케이션으로 보디랭귀지라고도 한다. 보디랭귀지를 우리 말로 하면 '몸말'인데, 세분화하면 태도, 자세, 제스처, 표정, 시선 등으로 나눌 수 있다. 비언어적 행위는 화자가 이해, 수용, 간호하는데 있어서 아이에게 반응하는 것이다. 그것은 듣기보다는 볼 수 있는 교류의 일부이다.

머리를 끄덕이는 것, 자리를 내어 주는 것, 주먹을 쥐는 것, 팔을 잡아주는 것, 손가락을 돌리는 것, 무겁게 숨쉬는 것, 식은땀을 흘리는 것 등이 모두 비언어적 행동 형태이다.

때때로 비언어적 메시지는 너무 강해서 언어를 능가할 수 있으므로 그것을 통제할 수가 없다. 이러한 행동을 우리가 인식할 때에 우리가 말하고자 하는 것을 교류하기 위하여 어떻게 비언어적인 것을 이용할 지를 확실히 모르고 있다. 비언어적 커뮤니케이션을 통제하는 방법이 없기 때문에 우리는 언어적 행위를 더욱 신뢰하는 경향이 있다.

표현된 말보다는 비언어적인 제스처에 주의해야 한다. 왜냐하면 자녀들은 부모와의 대화에서 가끔은 자신의 의사를 숨기고 말을 하는 때가 있다. 따라서 표현된 말에만 신경을 쓰기보다는 즉 말의 내용보다는 목소리의 강약과 떨림, 시선, 제스처, 억양, 표정, 자세 등에 보다 많은 내면적 정보가 있다는 것을 인식하고 주의 깊게 보아야 한다. 아이의 행동을 통하여 나타나는 아이의 마음을 보면 다음과 같다.

○ 손톱을 물어뜯는 아이

시도 때도 없이 손톱을 물어뜯는 아이는 마음이 심심하거나 불안정하기 때문이다. 어떤 일에 대해 재미나 흥미를 느끼지 못하기 때문에 자기 신체에 대해 가만히 있지 못하고 만지작거리는 것이다. 집안 분위기가 어색하거나 친구들과 잘 어울리지 못한다고 느끼면서 마음이 불편하고 정서적으로 불안정하게 된다.

○ **돌아다니면서 밥 먹는 아이**

식탁에 밥을 차려 놓으면 한 숟가락 먹고 돌아다니다가 다시 와서 밥을 먹는 아이는 대부분이 편식을 하는 경우이거나 음식이 먹기 싫기 때문이다. 산만한 성향을 가진 아이나 입이 짧은 경우에도 마찬가지다. 또한 그동안 엄마가 쫓아다니면서 먹였기 때문에 습관이 되어 식탁에 앉아서 먹는다는 개념이 잘 서 있지 않을 수도 있다.

○ **구석을 좋아하는 아이**

구석에 숨어서 노는 것을 좋아하는 아이는 자기만의 시간에 어떤 방해도 받지 않기를 원하는 것이다. 특히 안정감이 필요하거나 다른 사람이 자기를 계속 보고 있는 것에 대해 부담을 느끼는 경우이며, 내성적이고 두려움이 많은 아이가 이런 성향을 보일 확률이 높다.

이렇듯 아이와의 대화에서 눈높이를 맞추는 것만큼 중요한 것은 바로 아이의 말 속에 숨은 아이의 마음을 찾는 것이다. 아이들과의 대화 속에서 숨은 아이의 마음을 찾고 이것을 이해해 준다면 아이들은 대화 속에서 행복을 느낄 수 있을 것이다.

칭찬은 좋은 점이나 착하고 훌륭한 일을 높이 평가하는 말을 말한다.

"말 한 마디로 천냥 빚을 갚는다."는 말처럼 어떤 상황에서 어떤 말을 어떻게 하느냐 하는 것은 매우 중요하다. 특히 말하는 사람이 어떤 위치에 있느냐에 따라 그 말은 엄청난 효력을 발휘할 뿐만 아니라 때때로 한 사람의 인생을 바꾸어놓기도 한다.

「칭찬은 고래도 춤추게 한다」는 책이 베스트셀러가 될 만큼 칭찬의 중요성에 주목하는 움직임이 활발하다. 이처럼 짧은 칭찬 한 마디는 고래의 인생을 바꿀 정도로 큰 힘을 발휘한다.

칭찬은 아이와의 대화과정에서 목적을 달성하는데 동기유발의 중요한 기폭제이기도 하다. 정서지능을 높이기 위해서도 칭찬은 필수다.

Part 8

아이를 행복하게 하는 말

1. 칭찬은 불가능을 가능하게 한다

심리학에서는 피그말리온 효과라는 것이 있다. 칭찬하면 칭찬할수록 더욱더 잘하려는 동기를 제공하는 것을 심리학에서는 피그말리온 효과(Pygmalion Effect)라고 한다. 원래 피그말리온 효과라는 것은 자기충족적 예언이라고도 한다. 원래 그리스신화에 나오는 조각가 피그말리온의 이름에서 유래한 심리학 용어이다. 조각가였던 피그말리온은 아름다운 여인상을 조각하고, 그 여인상을 진심으로 사랑하게 된다. 여신(女神) 아프로디테(로마신화의 비너스)는 그의 사랑에 감동하여 여인상에게 생명을 주었다. 이처럼 타인의 칭찬이나 기대 또는 관심으로 인하여 능률이 오르거나 결과가 좋아지는 현상을 말한다.

심리학에서는 타인이 나를 존중하고 나에게 기대하는 것이 있으면 기대에 부응하는 쪽으로 변하려고 노력하여 그렇게 된다는 것을 의미한다. 대화에서도 칭찬이나 격려를 통해서 아이에게 긍정적인 영향을 미치는 심리적 요인이 된다는 것을 말한다.

1968년 하버드대학교 사회심리학과 교수인 로버트 로젠탈(Robert Rosenthal)과 미국에서 20년 이상 초등학교 교장을 지낸 레노어 제이콥슨(Lenore Jacobson)은 미국 샌프란시스코의 한 초등학교에서 전교생을 대상으로 지능검사를 한 후 검사 결과에 상관없이 무작위로 한 반에서 20% 정도의 학생을 뽑았다. 그 학생들의 명단을 교사에게 주면서 '지적 능력이나 학업성취의 향상 가능성이 높은 학생들'이라고 믿게 하였다.

8개월 후 이전과 같은 지능검사를 다시 실시하였는데, 그 명단에 속한 학생들은 다른 학생들보다 평균 점수가 높게 나왔다. 뿐만 아니라 학교 성적도 크게 향상되었다. 명단에 오른 학생들에 대한 교사의 기대와 격려가 중요한 요인이었다. 이 연구 결과는 교사가 학생에게 거는 기대가 실제로 학생의 성적 향상에 효과를 미친다는 것을 입증하였다.

이처럼 대화에서도 피그말리온 효과를 사용하여 지속적인 칭찬과 격려를 통해서 아이에게 놀라운 변화를 가져오게 할 수 있다.

칭찬이 중요한 이유는 여러 가지가 있지만, 특히 대화에 있어서 칭찬이 중요한 이유는 불가능을 가능으로 만들기 때문이다. 지혜로운 평강 공주의 칭찬과 믿음은 바보 온달로 하여금 훌륭한 장군이 되게 하였고, 듣지도 보지도 말도 못하던 헬렌 켈러에게 설리반 선생의 진심어린 칭찬이 기적을 만들어 준 사실만 보아도 칭찬은 사람을 기분 좋게 만들 뿐만 아니라 놀라운 변화를 가져오게 만든다.

의학적으로 사람은 칭찬을 받으면 각종 면역강화 물질의 분비를 촉진시킨다. 이는 다시 뇌로 피드백 되어 불필요한 스트레스 호르몬의 분비를 억제시킨다. 그 결과 자율신경계가 늘 편안한 상태에 있어 최적의 신체 상태를 유지하기 때문에, 건강한 몸을 유지할 수 있을 뿐 아니라 목표 달성을 위하여 노력할 수 있는 자세를 만들어 준다.

이밖에도 칭찬의 장점은 끝이 없다. 칭찬은 아이를 정서적으로 긍정적인 상태에 놓이게 함으로써 자신감을 주어 강하게 만들어 준다. 또한 칭찬은 듣는 사람만이 좋은 것이 아니라 하는 사람에게도 신뢰감을 주고 좋은 사람이라는 인식을 갖게 해줌으로 좋은 인간관계를 맺게 해준다. 또한 칭찬은 전염성이 강해서 아이에게 긍정적인 마음을 만들어 주고 사람들에게 기쁨을 준다. 이러한 긍정적인 마음과 기쁨을 느낀 사람은 칭찬의 중요성을 깨닫게 되어 다른 사람을 칭찬하려고 한다. 따라서 부모의 칭찬을 받은 아이는 주변 동료를 칭찬하고, 이웃을 칭찬하고, 나아가 인간관계가 좋아진다.

1) 평범하고 하기 쉬운 칭찬부터 시작한다

칭찬은 가장 하기 쉬운 칭찬부터 시작하는 것이 좋다. 칭찬을 자주했던 부모는 어려운 칭찬도 쉽게 할 수 있다. 그러나 칭찬을 많이 해보지 않은 부모의 입장에서는 아이의 칭찬할 행동이 많이 보이지 않게 된다. 따라서 칭찬을 시작할 때는 쉬운 것부터 하는 것이 좋다. 또한 아이가 매번 잘해오던 일이어서 당연히 그러려니 했던 사소한 일부터 하나하나 칭찬하는 것이 중요하다.

예 "오늘따라 활기차 보이네. 무슨 좋을 일이 있었니?"

"오늘은 엄마를 많이 도와주어서 정말 고마워."

"방청소를 깨끗이 해놓은 것을 보니 학교에서도 칭찬 받겠다."

"오늘 세수를 열심히 하니까 얼굴이 너무 예뻐 보인다."

"오늘 따라 아빠하고 한 약속을 잘 지켜주니 참 아빠가 행복하
단다."

2) 왜 칭찬을 하는지 구체적인 이유를 말해준다

칭찬을 할 때는 구체적으로 이유를 말해주는 것이 중요하다. 이
렇게 해야 아이는 어떤 이유로 자신이 칭찬받았는지 분명하게 알
수 있고 이후에도 같은 행동을 계속하게 된다.

[예] 부모가 주어진 목표를 아이가 달성했을 때 "네가 세운 목표에
도달하니 아빠는 네가 참 대견스럽다고 생각해"라고 말할 수 있다.
반면에 목표를 주지 않았는데 아이가 스스로 일을 처리했다면 "알
아서 방청소를 했구나. 참 잘했어."라는 식으로 짚어가며 칭찬을 할
수 있다.

3) 성공한 결과보다는 과정을 칭찬한다

만약 칭찬을 결과에만 초점을 맞추어 하게 되면 아이는 내내
초조감을 느끼기 쉽다. 그리고 열심히 수행하다가도 일이 제대로
성사되지 않으면 아이는 부모가 결과만을 바라고 있다는 생각에
심한 좌절을 느끼기 쉽다. 따라서 과정도 중요하다는 칭찬을 해
주어 결과가 나쁘더라도 현재의 상황에 만족할 수 있게 해주어야
한다.

ⓔ 결과를 중시한 칭찬 : "좋은 성적을 받아서 참 기쁘다."

과정을 중시한 칭찬 : "이번에 좋은 성적을 거둔 것은 지금까지 열심히 공부했기 때문이야."

4) 말뿐만 아니라 몸으로 칭찬해 준다

칭찬을 말로만 하면 아이는 칭찬을 농담으로 생각하기 쉽다. 칭찬이 진실된 것처럼 인식하게 하려면 몸으로도 칭찬을 해야 한다. 때로는 열 마디 말보다 몸짓 하나가 더 강렬하고 함축적인 의미를 표현할 때가 있다. 아이의 손을 꼭 잡아주거나, 따뜻하게 꼭 안아주기, 정감어린 눈빛 보내기 등 다양한 방법으로 표현할 수 있다.

이런 행동에는 "나는 너를 신뢰한단다."

"지금 너의 행동은 너무 자랑스럽다"라는 말이 포함되어 있다는 걸 아이가 느끼게 해야 한다.

5) 즉시 칭찬한다

칭찬에도 적절한 타이밍이 있다. 칭찬받을 행동을 했을 때 즉시 칭찬을 해주는 것이 가장 좋고 효과도 크다. 즉시 칭찬하지 않고 한참 지난 후에 부모의 기분이 좋아졌을 때 칭찬하면 그 의미는 반감되며 아이는 부모의 기분이 좋아져야 칭찬을 받는다고 생각할 수도 있다. 그래서 행동할 때 부모의 감정 상태부터 살피는 역효과가 나타나기도 한다.

6) 스스로 한 일에 대해서는 더욱 많이 칭찬한다

칭찬을 많이 하려는 이유 중의 하나는 아이가 스스로 할 일을 하게 하려는 데 있다. 그러므로 부모가 아이에게 시키지 않았는데 아이가 원하는 행동을 스스로 알아서 했을 때에는 더욱 많이 칭찬해 주는 것이 필요하다. 이는 아이에게 성공할 수 있는 능력이 자라고 있다는 증거이기도 하므로 최고의 찬사를 해주어도 아깝지 않다.

7) 약속을 지켰을 때에도 칭찬은 필수다

보통 칭찬은 부모가 정한 일을 아이가 잘 따라주었을 때만 하게 된다. 반면에 하지 말라고 약속을 했을 때 약속한 일을 하지 않았을 때에는 당연하게 여기는 경우가 많다. 그러나 부모가 정한 일을 했을 때만이 아니라 하지 말라고 약속을 정한 경우에 하지 않은 것도 약속을 이행한 것이기 때문에 칭찬을 해주어야 한다. 아이에게 하지 말라는 말을 한 후에도 관심 있게 지켜보다가 아이가 정말 그 행동을 하지 않을 때에는 칭찬을 해주는 것이 좋다. 그래야 아이의 행동이 지속될 수 있기 때문이다.

2. 인정해 주어라

아이는 성인과 비교해 볼 때 호기심과 자기 과시욕이 강하기 때문에 연령이 유사한 교우집단의 생활 속에서 자기를 과시하는 것이 습관화되기 싶다. "우리 집에 대따 큰 TV 있는데 너네 있어?", "나 이번에 홍콩 갔다 왔다.", "어제 우리 식구들 호텔 가서 맛있는 거 먹었다." 등으로 자신을 과시한다. 그래서 과시욕이 강한 아이들은 학교에서 다른 급우들에게 미움을 받거나 따돌림을 많이 받는다는 연구결과가 있다.

이런 아이들은 집에서도 부모에게 '아는 척'과 '잘난 척'을 심하게 한다. 자기가 어떤 일을 하고도 "나 잘했지?"라고 확인해야 직성이 풀린다. 결국 부모에게 관심을 받고 싶고 잘했다는 말을 듣고 싶은 마음에서 하는 말이다. 이럴 때는 무조건적으로 아이들에게 '겸손함'이라는 추상적인 가치를 가르치기 위해 "너 그러면 안돼", "그런 말은 하지 않는게 좋아" 하면서 아이의 잘난 척을 억눌렀다가는 아이가 정말 가져야 할 덕목인 자신감을 잃을 수도 있다는 것을 알아야 한다. 따라서 아이들이 하는 '아는 척'과 '잘난 척'을 무조건적으로 배척하기 보다는 정확한 진단을 통해서 아이들이 왜 그런 말을 할까를 생각해서 정말 너무 모르고 '아는 척'과 '잘난 척'을 심하게 한다면 "아이들이 그러면 싫어하니까 자랑은 요만큼만 해야 하는 거야", "그건 정말 잘한 것이지만 남들에게는 이렇게 말해주는 것이 좋아"라며 대화하는 방법을 알려주는 것이 좋다.

그러나 부모에게 인정받고 싶고, 반대로 자신감이 없어서 하는 '아는 척'과 '잘난 척'이라면 아이의 '공치사'를 인정해 주어야 한다. 아이들이 자신을 알아달라는 뜻에서 '아는 척'과 '잘난 척'을 했는데 부모는 그것을 알아주지 않고 혼내거나 묵살해버리며 아이들은 부모에게 인정받지 못한다는 생각에 남아 있던 자신감마저 상실해 버리기가 쉽다. 따라서 아이들과의 대화 속에서 "어떤 말을 해도 엄마가 나를 믿어 주는구나", "내가 실패를 하거나 잘못을 해도 엄마가 다 이해해 주는구나"라는 생각을 가지게 된다. 이러한 생각이 바탕이 되어 아이는 엄마에 대한 믿음을 가지게 되고, 엄마와의 정서적인 유대감을 가지게 된다. 그리고 이러한 생각에서 아이는 "나는 진짜 괜찮은 사람이야", "나를 믿고 의지해주는 든든한 엄마가 있다"라는 자신감을 얻게 되어 무슨 일을 하든 매사에 적극적이 된다.

남편과 함께 7남매를 데리고 미국 시애틀로 건너가 한국 식당을 꾸려가며 뒷바라지를 하여, 정명훈, 정경화, 정명화 세 남매를 세계적인 음악가 정 트리오로 길러낸 정명훈 씨의 어머니 이원숙 씨의 교육관이 놀랍다. 그녀는 자녀들의 잠재력이 어느 쪽에 있는가 관찰하는 과정에서도 자녀 자신의 판단과 결정을 존중하여 기다릴 줄 아는 인내심을 가지고 있었다. 소위 자녀들이 '아는 척'과 '잘난 척'을 하였지만 그것을 인정하고 격려를 함으로써 자신감을 갖게 하였다.

부모는 자녀가 나이가 어리다는 것만으로도 자신을 보는 관점이나 자녀의 판단력을 과소평가하기 쉬우나, 이원숙 씨는 자녀의 결심을 기다려 줄줄 아는 어머니였다. 그리고 자녀가 결심을 하면 그 잠재력과 열정을 키우기에 가장 좋은 환경을 찾아주고자 노력하는 어머니였다. 그녀는 자녀의 장점을 충분히 찾아내고 그것을 존중하고 인정해주는 노력을 하였다. 자녀들은 어머니가 인정해 주는 것이기 때문에 자신감을 가지고 노력해서 오늘날 세계적인 음악 트리오가 된 것이다.

이원숙 씨의 경우에서 알 수 있듯이 아이들의 "아는 척"과 "잘난 척"을 무시하지 않고 그 속에서 자녀의 잠재능력을 발견하고 선택할 수 있는 기회를 부여하여 성공하는 자녀로 키운 것이다. 우리는 가끔 아이들의 빛나는 잠재력을 미처 알아보지 못하고, 그저 어떤 한 방향으로 아이들을 몰아붙여 '불운아'가 되도록 하는 것은 아닌지 곰곰이 생각해 볼 일이다.

3. 자신감을 심어줘라

공부를 못하는 아이들을 살펴보면 대체적으로 자신감이 없다. 자신감이 없으니 의욕도 없기 마련이다. 그래서 공부도 싫어진다. 따라서 아이들에게 가장 중요한 것은 자신감을 심어주는 것이다. 공부 잘하는 자녀로 만들고 싶다면 자녀의 마음을 인정해주고 긍정적으로 받아들여 주는 자세가 필요하다.

자신감에서부터 올바른 감성이 자라난다. 그런 자신감을 심어줄 수 있는 가장 좋은 방법은 엄마의 긍정적인 사고와 적극적인 격려 습관이다. 긍정적인 사고는 예를 들어 "물이 반 컵밖에 남지 않았네."를 "물이 반 컵이나 남았네."와 같이 긍정의 말을 하

는 것부터 시작을 한다.

 공부 못하는 자녀에게 시험성적이 좋지 않다고 자녀에게 비난을 한다면 자녀의 의욕과 자신감이 완전히 실추되어 회복하기가 매우 어려울 것이다. 또한 성적이 잘못 나와 우울해 있는 자녀에게 심적 괴로움을 우려해 "괜찮아", "다음에 시험을 잘 보면 되지" 라며 긍정적인 격려만 일삼아도 자식에게 미치는 효과는 미미할 것이다. 하지만 반대로 부모가 절대 비난하지 않고 자식에게 "우리 세연이의 장점은 쉽게 포기하지 않는다는거야! 다음에는 반드시 잘할 수 있어 자신감을 가져라", "엄마가 죽 널 지켜보니까 이번에 성적이 낮게 나온 것은 복습을 적게 했기 때문인 것 같아. 다음 시간에 복습만 철저히 하면 잘 될거야."라고 구체적으로 자녀의 자신감을 북돋아 주면 분명 좋은 결과가 생기게 된다. 그리고 평소에도 이와 같은 말로 꾸준히 자녀의 뇌를 자극시키고 자녀의 의욕을 고취시키면 분명 좋은 결과는 찾아오기 마련이다.

 성공한 사람들의 성공 배경을 잘 살펴보면 거의 100%가 어린 시절부터 어떤 경우에도 자식의 가능성을 믿고 격려해준 어머니가 있었음을 알 수 있다.

 적극적인 격려로 자녀의 재능을 일깨워준 위대한 어머니들은 매우 많다. 발명왕 에디슨, 마이크로 소프트의 회장 빌 게이츠, 농구스타 샤키 오닐, 세계적 동화작가 안데르센의 어머니 등 끝도 없다. 그중에서 안데르센의 어머니는 위대하였다. 안데르센은 어렸을 때부터 글쓰기를 좋아했다고 한다. 11살 되던 해에는 직접 희곡을 써서 여러 사람에게 읽어주었으나, 아무도 관심을 보이지 않았다. 들어주는 사람이 없자 늘 바쁘기만 한 이웃집 아주머니에게까지 찾아가서 읽어주었는데, 일하느라 정신없던 그 아주머니는 너무 성가신 나머지 이렇게 소리를 지르고 말았다.

"할 일이 산더미같이 쌓여 있는데, 뭐야, 나더러 그런 엉터리 같은 글이나 들으면서 시간을 허비하라는 거야!"

그런 말까지 듣게 된 어린 안데르센은 그만 참지 못하고 울음을 터뜨리고 말았다. 이 과정을 옆에서 지켜보던 어머니는 안데르센을 꽃밭에 데려가 활짝 핀 꽃을 가리키며 말했다.

"자, 이것 좀 봐라, 예쁘지?"

이번에는 이제 막 흙 속에서 얼굴을 내민 어린 두 잎을 가리키며 말했다.

"이건 어떠니? 아직은 작고 눈에 띄지 않지만, 이제 곧 아름다운 꽃이 필거야. 너도 이 어린 잎과 같단다. 아직은 잘 보이지 않지만, 머지않아 굉장한 꽃이 피어 사람들을 놀라게 할 거야. 그러니 실망하지 말고 이제부터 더 힘을 내는 거야, 알았지?"

안데르센은 훗날 유명한 작가가 되어서도 그날을 잊지 않고 두고두고 회상했다고 한다. 안데르센의 어머니는 가난하고 글도 읽을 줄 몰랐지만, 꽃의 비유를 통해 아이가 자신감을 잃지 않도록 도와주었다. 이렇게 아들을 전적으로 지지하는 첫 번째 팬이 됨으로써 안데르센을 훌륭한 작가로 키워낼 수 있었던 것이다.

이처럼 자신감을 키워주는 어머니가 있음으로 해서 위인들은 어려서부터 큰 꿈을 가지고 긍정적으로 생각하는 습관을 가지게 되어 결국은 인생에서 성공할 수밖에 없는 것이다.

예 학교 미술시간에 열심히 만든 작품을 친구들이 칭찬해 주지 않는 것에 실망한 세연이 집에 와서 엄마에게 속상하다고 이야기 할 경우

"세연아~ 너는 어떤 김밥을 좋아하니? 아! 참치김밥을 좋아하는구나. 모든 사람이 참치김밥을 좋아하니? 김밥에는 여러 종류가 있고 그것을 좋아하는 사람들도 다양하지. 작품도 마찬가지란다. 우리 세연이의 그림을 좋아하는 사람도 있고 다른 사람의 그림을 좋아하는 사람도 있고… 모든 사람이 참치김밥을 좋아할 수 없는 것처럼 모든 사람이 세연이의 그림을 좋아할 수는 없단다. 분명 세연이의 그림을 좋아하는 사람이 있어. 단지 그 사람을 만나지 못했을 뿐이란다. 엄마는 세연이의 그림이 정말 좋은 걸."

4. 긍정적인 마음을 심어준다

긍정적으로 생각한다는 것은 모든 일을 함에 있어서 미치는 영향이 매우 크다. 사람의 뇌는 관심 있는 일에 초점을 맞추고 그렇지 않은 일은 금세 소멸시키기 때문에, 사물을 긍정적으로 보면 긍정적인 사고가 강화되지만 부정적으로 보면 그 반대가 된다. 아이의 성적이 아이가 기대한 만큼 좋지 않게 나왔을 경우 아이는 '내가 그럼 그렇지.', '난 공부랑 맞지 않구나?' 하며 부정적인 생각을 한다면 후속학습에도 그 영향이 미쳐 결코 능률적인 학습이 될 수 없을 것이다. 반면에 긍정정인 생각과 태도가 몸에 배인 아이라면 '다음에는 더 열심히 공부해서 좋은 성적을 받아야지'라며 오히려 전화위복의 기회로 삼고 자극을 받아 더 열심히 하게 되는 동기유발이 될 것이다.

미국 존스 홉킨스 병원의 소아외과 의사인 벤카슨 박사는 몇 년 전 수술한 샴쌍둥이 형제의 분리수술을 성공시키면서 일약 세계에서 가장 위대한 의사 5명 중 한 명이 되었다. 벤카슨 박사는 많은 의사들이 수술을 포기하여 생명의 불씨가 꺼져가고 있던 4살짜리 악성뇌암 환자와 만성뇌염으로 하루 120번씩 발작을 일으키던 아이를 수술하여 완치시켰고 1987년에는 세계에서 처음으로 머리와 몸이 붙은 채 태어난 샴쌍둥이를 분리하는데 성공했다. 이 수술 때문에 그는 '신의 손'이라는 별명을 얻었다.

벤카슨은 편모슬하에서 자라면서 불량소년들과 어울려 싸움을 일삼는 어린시절을 보냈다. 흑인이었기에 친구들에게 따돌림을 당하고 초등학교 5학년 때까지 구구단을 암기하지 못했으며 수학시험을 한 문제도 맞추지 못해 급우들의 놀림감이 되곤 했다. 그런 그가 '신의 손'이라 불리는 유명한 의사가 된 것이다.

어느 날 기자가 찾아와 물었다. "오늘의 당신을 만들어준 것은 무엇입니까?" 그러자 벤카슨은 "나의 어머니 덕분입니다. 어머니는 내가 늘 꼴찌를 해도, 흑인이라고 따돌림을 당할 때도 언제나 '벤, 넌 마음만 먹으면 무엇이든 할 수 있어.' '노력만 하면 할 수 있어.' 라는 말을 끊임없이 들려주면서 내게 격려와 용기를 주었습니다."라며 긍정적인 격려와 용기가 자신을 이렇게 유명하게 만든 것이라고 말했다.

벤카슨은 어머니가 끊임없이 불어넣어 준 노력만 하면 무엇이든 할 수 있다는 말에 사로잡혀 중학교에 가면서부터 공부에 집중하기 시작해 명문 미시간대학교 의과대학을 졸업하고 '신의 손'이라 불리는 의사가 된 것이다.

이처럼 행동은 사고에서 오고 사고는 언어에서 오기 때문에 모든 일을 긍정적으로 보려면 긍정적인 언어를 사용해야 한다. 긍정적인 언어를 사용하는 습관은 주로 부모에게 많은 영향을 받는다.

가끔 자녀가 부정적 언어를 사용하는 경우 부모들은 자녀의 부정적 사고를 바꿔 주기 위해 "안돼.", "그렇게 생각하면 못써."

라고 자녀를 평가하는 말을 한다. 그러나 정말 사고를 바꿔주고 싶다면 이야기를 들어준 후 "엄마(아빠)는 그 이유가 궁금한데 말해 줄래?"라는 식으로 되묻고 관점 전환을 할 수 있는 대화를 하여 아이를 긍정적인 방향으로 이끌어야 한다.

긍정적 사고를 위한 대화 3원칙

1. 아이가 어떤 생각과 감정을 갖고 있는지 경청한다.
2. 질문을 통해 부정적 사고의 이유를 파악한다.
3. 새로운 관점으로 해석한다.

자녀: 엄마 난 정말 바보인가 봐요.

엄마: 무슨 일이 있니?

자녀: 알림장을 놓고 왔어요. 선생님이 중요한 숙제를 내주셨는데 ···

엄마: 알림장이 없어서 숙제를 못할까봐 걱정이 됐구나? 하지만 책과 공책을 놓고 오지 않은 것이 얼마나 다행이니, 그리고 00 에겐 좋은 친구들이 있잖아. 친구한테 전화해서 숙제를 물어보면 되지.

5. 비난을 두려워하지 않게 하라

아이들뿐만 아니라 사람이라면 누구나 비난이 두렵기 마련이다. 하지만 성인들은 나름대로 비난을 받으면 충격도 받지만 극복하는 방법을 알고 있다. 그러나 아이들은 비난을 받으면 심한 정신적인 충격을 받아, 긴장되고 불안해 하기 쉽다. 따라서 아이에게 무심코 던지는 비난은 오히려 아이의 문제 행동만 더 부추기게 되거나 자신감을 상실하게 된다.

비난을 받아 자신감을 상실한 아이에게는 아이가 잘하는 점이나 좋아하는 점을 찾아 그에 대해 칭찬을 해주는 방법이 좋다. 그러기 위해서는 아이에게 관심을 가지고 아이가 잘하는 점이나 좋아하는 것을 알아내는 것이 중요하다.

잘못해서 아이가 잘하지 못하거나 싫어하는 것을 아이에게 시킨다면 그것은 오히려 아이가 좌절하고 자신감을 더욱 상실하게 하는 결과를 만들게 된다. 아이들에게 새로운 자신감을 얻을 수 있는 행동을 시도를 하는 것이 처음에는 어색할 수 있지만 시간을 가지고 노력한다면 아이는 잃었던 자신감을 다시 찾게 될 것이다.

역사 속에서 비난을 받았지만 좌절하지 않고 자신감을 가지고 도전하였기에 성공한 사람들의 일화를 들려주는 것도 좋은 방법이다. 세계적인 영화배우 잉그리드 버그만은 1915년 스웨덴에서 출생하여 당대 만인의 연인이었으며 오스카상를 무려 세 번이나 수상한 대배우였다. 그러나 그녀에게도 슬픈 시련은 있었다. 영화배우가 되기 위해서 오디션을 보러 갔는데 심사위원이 코가 너무 크고 치아가 튀어 나왔기 때문에 배우로는 어울리지 않는다고 혹평을 하였던 것이다. 그러나 잉그리드 버그만은 좌절하지 않고 "난 내 코가 좋아요" 하고 오디션장을 빠져 나왔다. 그녀는 한 번의 비난이 오히려 "꼭 성공하고 말겠다"는 강한 자신감으로 바뀌어 새롭게 오디션에 도전하였다. 그리고 오래지 않아 그녀는 〈누구를 위하여 종을 울리나〉, 〈가스등〉, 〈카사블랑카〉 등에 출연해 세계 영화 팬들의 가슴에 지울 수 없는 감동을 남겼다. 또한 숱한 명작의 여주인공으로 등장해 힐리웃의 대스타로 성공을 거두었다.

오늘날 미국의 유명한 영화배우인 클린트 이스트우드와 버트

레이놀즈도 비난을 견디고 "나는 할 수 있다"는 자신감을 가지고 노력하여 오늘날처럼 성공할 수 있었다. 1959년에 유니버셜 영화사의 책임자는 클린트 이스트우드와 버트 레이놀즈를 동시에 해고시켰다.

버트 레이놀즈에게는 "당신은 배우가 될 소질이 전혀 보이지 않아"라고 말했고, 클린트 이스트우드에게는 "당신은 앞니가 하나 깨졌고, 목의 울대가 너무 많이 튀어나왔어. 게다가 당신은 너무 말을 천천히 하거든"이라며 비난하였다. 그들은 마음이 매우 아팠다. 하지만 나중에 꼭 성공해서 이 비난이 사실이 아니라는 것을 증명하려 노력하였다. 다들 잘 알고 있듯 결국 버트 레이놀즈와 클린트 이스트우드는 훗날 헐리웃 영화 산업의 대스타가 되었다.

세계 최초로 전화기를 발명한 벨도 그의 통신 실험이 성공했음에도 불구하고 사람들은 그를 정신병자라고 생각하였다. 굳이 말로 전달해도 되는 것을 장난감 같은 기계를 만들어서 대화를 하려고 하였기 때문이다. 그렇지만 벨은 전화기를 발명하여 특허를 얻었다.

벨이 전화기를 발명하던 당시, 세계 최고의 전신회사인 웨스턴 유니언 사장 오톤은 벨이 음성전화 기술 특허를 10만 달러에 팔겠다고 제안했을 때 벨의 발명품이 장난감보다 못하다고 생각해서 일언지하에 거절했다. 그러나 그는 사람들의 비난을 의식하지 않고 꼭 성공할 것이라는 강한 자신감으로 벨이라는 자신의 본명을 딴 전화기계 제조회사를 차려 그동안 연구하기 위해서 쓴 돈의 몇 만 배나 더 많은 돈을 모을 수 있었다.

비행기를 발명한 라이트 형제는 훌륭한 싸움꾼이었다. 사람들은 인간이 하늘을 난다는 것이 불가능하다고 생각하였기 때문에 라이트 형제의 무모한 도전을 곱지 않은 시선으로 "미친 짓"이라고 비난하였다. 그러나 라이트 형제는 어떤 위협에도 굴하지 않고 진실을 수호했고, 식을 줄 모르는 열의를 갖고 경청했고 유연한 사고를 가졌다. 논리적이지 않은 비난을 무시하였다. 그러나 발전적이고 건설적인 논쟁을 통해 초기의 거친 아이디어를 다듬고 구체적으로 형상화할 수 있었다. 그래서 그들은 마침내 비행기를 만들어 하늘을 날았다.

알프레드 노벨은 자신이 만든 다이너마이트 등의 폭약으로 엄청난 돈을 벌어들인 억만장자이며 노벨상을 만든 사람이다. 원래 노벨이 다이너마이트를 만든 이유는 광산에서 굴을 팔 때 사람의 힘으로 팔 수 없는 부분을 뚫을 때 쓰기 위해 다이너마이트를 개발하였다. 원래의 목적은 평화적인 이유로 만들어진 것이다. 그러나 자신이 만든 다이너마이트가 전쟁 등에서 사람을 대량 살상하는 악마의 발명품으로 사용되자 노벨은 국제적으로 비난을 받게 되었다. 노벨은 점차 자신이 만든 폭약에 의해 희생한 사람들을 생각하게 되었다. 그는 자신의 재산을 정리하여 노벨 재단을 만들게 했다. 그래서 그가 죽은 뒤에 노벨 재단, 노벨상 등이 만들어졌다.

이처럼 세상을 이끌어 가는 사람들의 삶은 순탄하지 않다. 나름대로 자신과의 싸움으로 힘들기도 하지만 주변의 수많은 비난에 힘들어 하기도 한다. 그래서 한 광고에서는 "남들과 다르다는 것은 약간의 시샘과 부러움의 대상이 된다"고 하였다. 남들과 다르다거나 남들보다 앞서게 되면 사회는 가만 놔두지 않는다. 딴지를 걸거나 뒤에서 붙잡아 끌거나 심지어는 비난을 하거나 헐뜯어서 꼭 추락하는 것을 보고자 하는 사람들이 항상 존재한다. 아이들에게 성공에는 비난이 함께 따른다는 사실을 알려주고, 비난을 두려워하지 않도록 해야 한다.

Tip 자신감을 회복하는 대화

아이가 잘하는 일이나 할 수 있는 일을 시킨 후 그 결과를 칭찬해 준다.

아이의 그림을 벽에 전시한다거나 잘한 일을 찾아서 다른 사람들에게 말해 준다.

심부름이나 평상시 일을 해도 인정해 주고 결과에 대해 다음과 같이 말하면서 기뻐해 준다.

– "역시 너는 대단해."

– "우리 세연이는 착하기도 하지."

– "우리 세연이는 부지런하기도 하지."

참고문헌

김언주, 외 5명(1998), 우리아이 EQ 높이기, 학지사

김영숙, 백경임 (2000). 초등학생의 정서지능과 이타행동과의 관계. 한국아이학회. 아이학회지

김용선(1997). 감성 지수와 이성. 서울; 민중 출판사

김재은(1974). 한국 가족의 심리. 서울: 이화여자 대학교 출판부

문용린(1996). 한국 학생들의 정서지능 측정연구. 새로운 지능의 개념, 감성지능. 삼성 사회 정신 건강 연구소

문용린, 곽윤정, 이강주 (1999). 정서지능 연구의 성과와 전망. 서울대교육연구소

박숙희(1997). 어머니의 양육태도가 아이의 인지양식과 학업성취에 미치는 효과. 충남대 석사학위논문

박주용(1997). 인지 심리학에서 본 정서지능. 한국심리학회 (1997년도 동계연구 세미나). 63-76.

오영미(1997). 어머니의 양육행동이 아이의 정서지능에 미치는 영향. 제주대학교 교육대학원 석사학위논문

오윤현(1996). IQ보다 EQ 높아야 성공한다 : 타인의 감정 읽는 '정서지수' 위력 증명돼 시사 저널. 102-103

장석민(1998). 진로교육의 이론과 실제. 서울: 한국교육개발원

전도근(2011). 인성지도. 서울: 학지사

전도근(2011). 진로직업지도. 서울: 학지사

전도근(2011). 독서지도. 서울: 학지사

전도근(2011). 창의력 향상 전략. 서울: 학지사

전도근(2011). 공부의 달인을 만드는 시험공부 전략. 서울: 학지사

황혜정, 김경회(1999). 유아의 사회적 능력과 정서지능과의 관계에 대한 연구. 한국아이학회, **아이학회지20(3)**.

Allport, G.W.(1943). The ego in Contemporary Psychology, **Psychological Review**.

Allport, G.W., Borich, G.D. & Kash, M.M.(1978). **Teacher Behavior and Pupil Self Concept**. Massa, Addision-Wesley Publishing Company.

Archer, R. L.(1979). Role of personality and the social situation In G. J. Chelune(Ed), **Self-disclosure**; Origins, patterns, and implications of openness in interpersonal relationships. San Francisco; Jossiy-Bass.

Barnett, D. E, Matthews, K. A. & Haward, J. A(1980). Relationship between competitveness and empathy in 6-7years old. **Developmental Psychology2(1)**. p. 221-222.

Casey, R. J., & Schlosser, S. (1994). Emotional response to peer praiser in children with and without a diagnosed extemalizating disorder. **Merrill-palmer Quarterly, 40,** pp. 60-81.

Coopersmith, S. (1967). **The antecedents of self-esteem.** San Francisco : W. H. Freeman.

Eaton, M. (1997). Positive discipline : Fostering the self-esteem of young children. **Young Children, 53(6),** 43-46.

Eisenberg, N., Fabes, R. A., & Losoya, S. (1997). Emotional Responding : Regulation, Social Correlates, and Socialization. In P. Salovey & D. J. Sluyter(Ed), **Emotional Development and Emotional Intelligence.** New York : Basic Books.

Mayer, J. D., & Geher, G. (1996). Emotional intelligence and the identificaion of emotion. **Intelligence, 22,** 89-113.

Mayer, J. D., Dipaolo, M., & Salovey, P. (1990). Perceiving the affective content in ambiguous visual stimuli: A component of emotional intelligence. **Journal of Personality Assessment, 54,** 772-782.

Miller, L. C., Berg, J. H., & Archer, R. L.(1983). Openers; Individuals who elicit intimate self-disclosure. **Journal of Personality and Social Psychology, 44(6)**, 1234-1244

Salovey, P., & Mayer, J. D. (1990). **Emotional intelligence, Imagination, Cognition, and personality, 9,** 185-211

Salovey, P., & Mayer, J. D., Goldman, S. L., Turvey, C., & Palpai, T. P. (1995). **Emotional attention, clarity, and repair:** Exploring emotional intelligence using the trair mate-mood scale. In J. W.

Pennebaker.(Ed.). Emotion, disclosure, and bealtb(pp. 125-154). Washington, D. C.: **American psychological association.**

William James(1980). The Principle of Psychology. N.Y. : Henry Holt.

공감하며 키워주는

우리아이 정서지능

초판1쇄_ 2015년 5월 15일

지은이_ 장혜주
펴낸곳_ 해피&북스
발행인_ 채주희

출판등록_ 제10-1562호(1985.10.29)
주 소_ 서울시 마포구 신수동 448-6
전 화_ 02) 323-4060, 6401-7004
팩스_ 02) 323-6416
이메일_ elman1985@hanmail.net
홈페이지_ www.elman.kr

ISBN_ 978-89-5515-554-9

정가 13,800원